仏教・浄土真宗の視点から

死刑制度を問う

Koshin Ohtani

大谷光真

春秋社

死刑制度を問う　仏教・浄土真宗の視点から　目次

死刑制度を問う

仏教・浄土真宗の視点から

序論　仏教・浄土真宗と死刑制度

「殺してはならぬ、殺さしめてはならぬ」

仏教はキリスト教と違って、時代により、地域により、考え方に大きな違いがあります。先ず、仏教の開祖である釈尊（ゴータマ・ブッダ）の生《なま》の言葉に近いと考えられているものに、「生きものを（みずから）殺してはならぬ。また（他人をして）殺さしめてはならぬ。また他の人々が殺害するのを容認してはならぬ」（中村元訳『ブッダのことば　スッタニパータ』岩波文庫、三九四）があります。これは、仏教が示す倫理の根本といえましょう。さらに言えば、単に仏教の教えに留まらず、宗教宗派を超えた人類普遍の倫理であります。これは後に、在家信者が身につけるべき規範としての五戒（不殺生・不偸盗・不邪婬・不妄語・不飲酒）

にもまとめられ、仏教共通の決まりとなりました。

しかしながら、日本仏教の一派である浄土真宗は、この路線を外れて、戒律にとらわれない立場をとりました。それが、高校の教科書にも記述されている「悪人正機」説です。一二世紀から一三世紀、親鸞は師・法然の教えを受けて、善を行うことができない凡夫が救われるのは「南無阿弥陀仏」の念仏一つであると説きました。これは、しばしば誤解を受けるような「やりたい放題（浄土教では造悪無碍《ぞうあくむげ》といい、悪事を犯しても往生のさまたげにならないという理解のこと）」の道徳破壊ではなく、「自己を顧みて、立派なことは何一つできない私が、救われるのは、私の力ではなく、阿弥陀如来の救いのはたらきを受け容れるしかない」という自己省察のうえにある救いです。悪人とは、上から犯罪者を指さして、批判する意味ではなく、先ずは、自らを省みていう言葉であります。そこから、水に溺れる人、病気の人が先ず、救助や治療の対象となるように、社会的に弱い立場の人々、罪を犯してしまった人々が先ず初めに救われる道となりました。

現代社会でも、懲《こ》らしめるだけでは、悔い改めて、更生しようとする人は少ないでしょう。むしろ、「今度はばれないようにやろう」とか、「自分を犯罪者にした相手に復讐しよう」とか、考える人々が少なくないのが現状です。

釈尊（ゴータマ・ブッダ）のもう一つの言葉を引用します。「実にこの世においては、怨みに報いるに怨みを以てしたならば、ついに怨みの息むことがない。怨みをすててこそ、怨みは息む。これは永遠の真理である」（中村元訳『ブッダの真理のことば　感興のことば』岩波文庫、三）。今日、本当に更生できる道は懲らしめ以外にあると、人間を見詰める中から矯正教育が、再検討されています。死刑制度は怨《うら》みに報いるに怨みを以てする制度です。凡人には容易なことではないでしょうが、一時の感情に流されるのではなく、冷静に国家の制度のあり方を考える時であります。この時代に、更生の道を閉ざし、命を絶ってしまうのが国家の仕事かどうか、考える必要があるのではないでしょうか。矯正（欠点を直し、正しくすること）のあり方を考えることが重要でしょう。

なお、死刑廃止条約の最初には「死刑の廃止が人間の尊厳の向上と人権の斬新的発展に寄与することを信じ」とあり、崇高な目標を掲げています。死刑存置論にはこのような理想が見られません。

問題意識

この世で、無差別に殺人を肯定する思想は許されないでしょう。それゆえ、戦争や犯罪に対処するためには、何らかの限定条件を付けて殺人を肯定するのが、一般的であります。私は、仏教徒として、「不殺生戒」を否定するものではありませんが、戒律を条件としない浄土真宗においては、「不殺生戒」は理想ではあっても、救いの条件ではありません。ここでは、もう少し広い立場で考えてみます。日本国が民主主義国家であるとすれば、殺人の善し悪しは国会の議決による法律によって決めねばなりません。今の日本で問題なのは、死刑制度を支持している世論を形作る人々が、その実情をよく知らないことであります。元最高裁判事、東大名誉教授で刑法が専門の故・団藤重光氏は「私が積極的な廃止論者になったのは、最高裁判所に入って、実際に死刑事件を担当するようになってからであります」（団藤重光『死刑廃止論』一九九二年、四頁）と述べています。刑法の第一人者でさえ、そうなのですから、大半の日本人は実情を知らないまま、深く考えないまま、死刑制度を支えているということになるでしょう。それをよいことに、世論の支持を口実にして、政府が死刑制度を維持しているのではないでしょうか。

死刑を廃止して困るのはだれでしょう？

先ず、世界の大勢を見ると、死刑廃止国が多数となり、特に先進国では、廃止が大多数になりました。その中で、日本が超大国の中国・アメリカ（二〇二三年末時点で廃止州は二三州）と並んで存置国であるのは、不思議な感じがします。素朴な疑問ですが、死刑制度を廃止したら、不満だという人は多いでしょうが、国や社会が困ったことになったという話は聞きません。廃止国（EUは加盟の条件に死刑廃止があります）で、どのような不都合があったのか、調査研究が必要です。多くの死刑存置論者は廃止国の実情を知ることなく、論じているのではないでしょうか。

一般庶民にとって、廃止は恐れるほど困ることではないように思われます。日本では、死刑制度賛成派が多数のようにみえますが、人ごとではなく、廃止したら「私が困る」という人は誰でしょうか。事件の被害者遺族や関係者の多くは納得できないでしょう。それでも、関係者が本当に困るのか、死刑執行すれば困らなくなるのかは疑問です。当事者以外でも不満のある人は少なくないでしょうが、世の中の刑事事件で、判決を聞いて、不満に思う人はいくらでもいるでしょう。私も、様々の判決を聞いて、しばしば不満を感じます。反対に、死刑制度をやめて、助かるのは死刑囚とその親族、死刑執行人、さらには、弁護人、死刑囚の支援者でありましょう。裁判官もほっとするかもしれません。一審では、被告が控訴してくれると想定して、死刑判決を言い渡す裁判官もいると聞きます。最終責任を負うのは辛いから、当事者だからです。

特に、死刑判決の場合は、被害・加害の当事者と第三者で、事情は大きく異なります。わが国には実情を踏まえない第三者的、情緒的な死刑制度支持者が多いのではないでしょうか。団藤氏は「死刑というものが絶対に必要不可欠だという証明がないかぎり、死刑の正当性を認めることはできない」と述べています（同上、八三頁）。

死刑の必要性について、ベッカリーア（後出）によると、重罪人を死刑にしてしまうより、終身刑にして生涯懲役に服させたほうが被害者への賠償も行われ（懲役作業の報奨金による賠償）、有効だとされます。また、一瞬で死刑にしてしまうより、一生涯罪に服させたほうが人々の意識にも長く残ることになり、刑罰としてよいともいいます（チェーザレ・ベッカリーア『犯罪と刑罰』、森炎『死刑と正義』二〇一二年、三四頁に引用）。

現代日本の死刑制度を省みる時、以下に検討するように、辻褄の合わない事柄がたくさんあります。唯一、一貫しているのは国家権力が国内の人間の生殺与奪の権力を保持し続けたいということだけのように見えます。これは、権威主義的思考であります。世界の死刑廃止の趨勢を見るとき、死刑制度が無くても、立派に国家が成り立っています。かつては、弱小国だから死刑が無くても国家として成り立つという反論もありましたが、ドイツ・フランスのような大国でも廃止していることを考えると、国の大小は理由にならないでしょう。

ユニークな論は、アメリカの法学者、デイビッド・T・ジョンソン氏の見解です。「日本の保守政権が毎年、必ず死刑を執行しようと決心しているかのように見える背景には、憲法九条によって国家による殺人が制限されていることがあるのかもしれない。九条による足かせがあることにより、国家権力を手放したがらない保守的なリーダーが象徴的に用いているのが死刑制度だからである。死刑は、国家権力、そして国家と個人との間の関係性に関する強力な政治的象徴である」（『アメリカ人のみた日本の死刑』二〇一九年、一五六頁）。関係当事者で以上のことを自覚している人は多くないかもしれませんが、無意識的に、保守政権や法務省を支配している意識として、当たっているかもしれません。氏が言うように、日本で死刑制度が廃止されるのは、憲法を改定し、軍事力を行使しやすくなった時かもしれないし、日本の戦後制度を設計したアメリカが国家として、死刑制度を廃止した時かもしれません。ちなみに、二〇二一年に米国大統領に就任したバイデン氏は死刑廃止を公約にいれており、二〇二一年七月に連邦政府では、死刑の執行を停止しました。「死刑の適用には、恣意性があり、非白人に差別的な影響を及ぼす」という理由で、施策や手続きの見直しが完了するまで執行しないというのです（『朝日新聞』二〇二一年七月三日）。なお、米国には、連邦法とは別に州法による死刑もありますが、現在、全米五〇州のうち、二三州が死刑廃止、三州が執行停止です（『東京新聞』二〇二一年七月四日）。もし、米国が死刑を廃止すれば、日本は後ろ盾を失い、先進国からの批判の矢面に立つかもしれません。その時、論理的に、しっかりとした反論ができるでしょうか。

なお、現行憲法制定の際、衆議院委員会において上林山榮吉議員は「日本は御覧の通り平和主義に徹底する為に、戦争を抛棄して居ります、更に自衛権をすら抛棄せんとして宣言をされたのでありますが、翻って、日本が平和主義に徹底する為には国内的にそれを裏付けするものがなければならぬ、同時に人道上からするも、ここに考へられる点は、世界各国に率先しまして、文明国として死刑の廃止を憲法に規定することが、確かに日本は文明国であり、国内的に平和主義に徹底をして居ることにもなると思ひますので、死刑廃止を憲法に取入れるべきであると考へるのであります」と述べましたが、司法大臣木村篤太郎は「少なくとも現今の情勢において死刑を廃止すると云ふことは、此の社会秩序から見ても宜しくない」と答弁しました（志村恵「死刑がないという「幻」」『宗教者が語る死刑廃止』八九頁）。

第二次大戦後、ヨーロッパ諸国で死刑が廃止されたのは、ナチスの暴虐をはじめとする大戦の惨禍への反省が深く関わっていると聞きます。アジアでも、原爆の悲惨さだけでなく、空襲による大量虐殺をはじめとする各地での戦争被害を深く検討する中から、国家が国民の命を犠牲にすることへの反省が強くなり、その一例として死刑制度が問題となったようです。単に、死刑制度の善し悪しだけではないのです。広い意味で、国家が人々の命の尊さを考えるようになったのです。日本ではアジア太平洋戦争が終わった後がそうでしたが、台風一過と同じように、終われば、それについて深く考えないという風潮が感じられます。さらに、アジア太平洋戦争敗戦後の極東国際軍事裁判（東京裁判）で、A級戦犯七人が死刑になりました。その正当化のためにも、占領軍は死刑制度を温存したのではないかと言われます（ジョンソン、一〇頁）。アメリカに頼らず、日本人として思考を深める必要があります。

日本での軍事裁判の他に、海外でも連合国による裁判がありました。それの一つがシンガポールのチャンギー刑務所での軍事裁判です。ここでは一九四六年三月から四七年九月まで泰緬鉄道関連ほか東南アジア、南方諸島進攻にかかわり戦犯となった一二九名の死刑が執行されました（最終的にはBC級戦犯のうち九三四人が死刑となった）。天台宗明長寺（川崎市）の関口亮共は教誨《きょうかい》師を務め、受刑者の身近に接し、寄り添い、見送りました。さらに、一九四七年四月に日本に帰還した後も、死刑囚から預かった遺書を遺族に届ける仕事や遺族への応対を続けました。

加賀尾秀忍（高野山真言宗）はフィリピンのモンテンルパでの戦犯裁判にあたり、教誨師を務めました。受刑者と起居を共にし、処刑にも立ち会い、一九五三年、釈放された元受刑者と共に帰国しました。

なお、日本では、二〇〇九年に裁判員裁判が始まりました。それは、今までの専門家だけで行われていた裁判に、素人が重要な役割を果たすことになり、当然、死刑判決にも影響が出ています。関連の書物は多くないので、本論で十分に反映させることはできませんでしたが、その点、古い文献に依っている事柄が多いことをご理解いただきたいと思います。

本書は、日本国が立憲主義、民主主義国であってほしいという前提で書き進めました。したがって、アメリカが押しつけた民主主義より、戦前のような国家主義が好ましいという方々には通用しない部分も多いかと思いますが、感情だけでなく、論理で考え、理解していただきたいと思います。

第一章　死刑制度とその問題点

死刑賛成論と反対論

先ず、死刑制度をめぐる議論を整理するために、賛成と反対それぞれの根拠を検討します。法学者で弁護士の藤本哲也氏による『刑事政策概論』（二〇一五年、一二三頁以下）には、死刑存置論と廃止論が整理されています。藤本氏の整理に沿ってそれぞれの根拠を以下にまとめます。

存置論

①「人を殺した者はその生命を奪わるべし」というのは国民の法的確信である。

②世論調査によれば、国民の多くは死刑の存置を望んでいる。

③社会の応報観は、犯人が死刑に処せられることによって満足せられるものである。

④死刑を廃止すれば私刑が増加する恐れがある。

⑤被害者の親族は加害者が死を以て贖罪《しょくざい》したことにより満足するものである。

⑥法秩序の維持のためには、死刑の威嚇力はなお有効である。

⑦死刑は一種の必要悪である。

⑧死刑は無期刑に比べて経費がかからない。

⑨優生学の見地からしても、改善不能の犯罪者は死刑に処した方がよい。

⑩大多数の殺人犯は、彼らの犯した罪の償いとして死刑を歓迎するものであるから、彼らの死ぬ権利を否定すべきではない。

⑪法の基礎である絶対的正義の見地よりして、死刑は故意の殺人犯に対する最も正しい刑罰である。

廃止論

①死刑は人道的感情に反する野蛮な刑罰である。
②死刑には威嚇力がない。
③死刑は復讐を基礎とするものであって、改善主義の理念に反するものである。
④誤判の場合において、死刑は一度執行せられた場合回復することができない。
⑤死刑の存在は国家が殺人を禁じていることと矛盾する。
⑥死刑は犯人の家族に対して重荷を課する。
⑦死刑は一般人に対して残忍性を流布し、人命を軽視する結果を招来する。
⑧死刑は貧困者に対してより多く科される傾向があり、不平等な身分刑的一面を有する。
⑨社会からの隔離は無期刑で充分であり、無期刑に代替することにより加害者に被害者の家族の救済をさせるべきである。
⑩死刑は憲法に違反する。
⑪死刑は自己犠牲の衝動を満足させるものであり、死刑の制度がなければこうした欲求を満足させるための殺人はおこらない。
⑫世論調査の結果は世論を正しく反映したものとは言えず、生命の剥奪という重大問題を数のみで決することには疑問がある。

以上の賛否の論は、主として殺人を主題にしています。しかし、後述のように、死刑の対象には他に、内乱罪と外患誘致罪があります。これは、国家の秩序を破壊する行為ですが、必ずしも殺人を伴うものではありません。内乱の暴動によって殺人が行われても、内乱罪に含まれ、別個に殺人罪が成立するものではないそうです。殺人罪と内乱罪は根拠が違うとされるようです（団藤重光『死刑廃止論』一九九二年、九六頁）。法律上はそうでしょうが、素人として、政府の死刑制度擁護論を見ると、どちらも国家秩序に対する反逆と捉えられているように見えます。殺人罪への適用が命に対する命による賠償という個別の理由づけでは、一部の殺人事件だけにあてはまり、まことに不十分・不公平です。やはり、単純な殺人も、被害者感情だけではなく、国家の秩序、法体系への挑戦として処罰されていると理解する方が、納得がいきます。一時期の旧ソ連では、殺人罪には死刑を適用せず、反革命の罪に死刑を規定していたという例もあります（同上、九六頁）。

なお、死刑が社会で積極的機能を果たしていることも知っておく必要があるでしょう。たとえば、以下のような機能です。

裁判関係者において、世論の支持を得るために、死刑を利用する。

政治家にとって、有権者の注目を集める。

メディアにとって、善対悪の戦いを描く刺激的エンターテイメント。

一般市民にとって、日常では表現することが許されない怒りや嫌悪感、報復などのむき出しの感情を表明する機会。

被害者・遺族にとって応報や償い、犯罪の抑止を達成するためのメカニズムであると信じられていること。


もちろん、これらは死刑を積極的に支持する論拠ではなく、実用性の面からの理由です。


一九五六年三月一七日、市川房枝、羽仁五郎ら参議院議員有志四六名が死刑廃止法案を国会に提出しました（大塚公子『死刑執行人の苦悩』二〇〇六年、一〇九頁）。背景は、参議院法務委員羽仁五郎が刑場付設の拘置所の刑務官らに、刑務官の苦悩を縷々訴えられたことにあります。しかしそれ以後、刑務官の苦悩は表面化していません。それだけ、国家による統制が強くなったということでしょう。民主主義の理念とは隔たる方向に進んでいます。

一九九四年四月六日、死刑廃止を推進する議員連盟一二〇名の衆参両議員が超党派で集まりました。しかし、その後も目ぼしい成果は見られないようです。

藤本氏は、自説を述べて、「死刑の存廃は民主主義、平和主義の理想がどこまで我々の生活に根づき浸透しているかという問題と切り離しては論じられないものであると思われる。極端な言い方をすれば、死刑の存廃は、その社会の健全性を示すバロメーターであると言ってもよいであろう」（藤本哲也『刑事政策概論』二〇一五年、一二九頁）と言われます。後に述べるように、死刑制度が国家主権の及ぶ範囲や強さと関わっていることを示唆しています。

人権について

団藤氏は「人権のような全人類的な問題については、われわれも絶対に先進国の仲間入りをして、世界に恥ずかしくない法制を整える必要があるのです」（団藤、三四頁）と述べています。

団藤氏の意見は、今から見ると、西洋先進国を過度に理想化しているように見えますが、人権という観点からは、学ぶべき事が多いのは確かです。

人権については、抽象的な議論だけでは、日本を含む非欧米文化の地域への説得力が十分ではないように思われます。中国政府は国連人権規約に署名していますが（社会権規約は一九九七年署名、二〇〇一年批准。自由権規約は一九九八年に署名）、ウイグルやチベットの例を見るとおり、西洋の人権思想とはかなり隔たりがあります。また、日本においても、人権ということを理解しない権威主義者に近い保守的な政治家が多い中、もっとわかりやすい「いのちの尊さ」を根拠に、主張すべきではないでしょうか。神から与えられたいのち、仏と一体のいのち、祖先から受け継がれたいのち等、宗教的背景も大切です。国家に人を殺す資格や権利があるのでしょうか。

「人権」という言葉の翻訳にも問題があるように思われます。「人権」という日本語は、本来、英語の「human rights」とそれに対応するヨーロッパ語の翻訳です。英和辞典によると、「right」には正しい、よろしい、適切な、健康な、正常な、右の、等の意味があります。一方、漢和辞典によると、「権」には、はかる、はかりごと、物事の成否をはかりかんがえる、力や重み、正道によらず力に頼るさま、かりの、とあります。「利」には、すらりと刃が通って鋭いさま、すらりと運ぶさま、都合よく運ぶさま、もうけ、役に立つ、等があります。欧米語に比べて、漢字には私利私欲を連想させるニュアンスがあります。さらに、人権思想の背景には、キリスト教があります。全知全能の神を体感できない日本人が本当の意味で納得することは難しいでしょう。日本国憲法が国民に馴染みにくいのは、背景を無視して、人権思想を掲げているところにも原因がありそうです（柳父章『翻訳語成立事情』一九七二年、一四九頁。宮園健吾・大谷弘・乘立雄輝『因果・動物・所有　一ノ瀬哲学をめぐる対話』武蔵野大学シリーズ一三、武蔵野大学出版会二〇二〇年一月、三六五頁。長谷川三千子「「権」を論ず」『学士会会報』八〇〇号、一九九三年）。「人権」や「権利」は誤解を招く訳語といえそうです。Human rights には、正しさ、全ての人にあてはまる正しさというニュアンスがあり、けっして、私利私欲ではありません。ところが、保守的な人々は、本来の欧米語の意味をたずねることなく、漢字のイメージだけで人権を胡散臭いことと感じ、好まないのではないでしょうか。私利私欲ではなく、誰にでも当てはまる普遍的な理念であることを普及させるとともに、日本人にしっくりくるもっと良い言葉を見つけ出す必要もあるでしょう。そうなれば、児童の権利について、「子供に権利などの厚かましい」という反応は減るでしょう。

平野啓一郎の『死刑について』（二〇二二年、七二頁）には、自身の小中学生時代の人権教育を思い起こして、「『相手の気持ちになって考えましょう』式の感情教育に偏していて、個人として有する当然の権利としての人権について、歴史的に、概念的に説明する、ということはほとんどありませんでした。（中略）しかし、人権をこのように感情面だけで捉えてしまうことは危険です。なぜなら、共感できない相手に対しては、差別も暴力も、何の歯止めもなくなってしまうからです。（中略）人権とは、決して相手をかわいそうと思えるかどうかという感情論の問題ではありません。自分がかわいそうだと感じなくても、それが人権を侵害していい理由にはなりません」と記されています。

ちなみに、法務省ウェブサイトのキッズルーム（子ども向けの欄）人権擁護局のページには、『人権』とは、幸せに生きる権利のことです。キミにも幸せに生きる権利があるし、お友だちにも同じ権利があります。人権は、誰にとっても大切で、みんなの思いやりの心によって守られるものです。命を大切にし、お友だちと仲良くしていこうね」とあります。子ども向けのページですから、大人と同じことは言えないかもしれませんが、お友だちと仲良くすることだけに限られていて、知らない人、外国人は眼中にありません。このような狭い人権概念を卒業できるのは何歳からでしょうか、心配になります。

人権が大事なのは、社会の体制から外れやすい庶民、弱者の命を守る最後の砦になるからです。自分は体制側にいるから、社会が守ってくれるだろうと思うのは、正義を疎かにして、体制についていくからではないでしょうか。仏教はさとりを目指す教えであり、この世の事は二の次という印象があるかもしれません。たしかに、生活の細々とした事柄を善悪で判定する教えではありませんが、「正法」という概念があり、物事の善し悪しを判定する基準となるものがあるのです。『妙法蓮華経』の妙法も原語では正法と同じです。『金光明経』は、正法を説き、王は正法を尊び、善政を行うべきことが説かれます。十善は、インド以来の実践項目ですが、帝王の手本であるとともに、一般人民が実行すべき徳目ともされました。社会の正義を考えるヒントになります。単に個人のさとりを目指すだけでなく、人々の苦しみを除き、安らかな人生を願って、人々を助け、具体的な実践をしました（島薗進『日本仏教の社会倫理　正法を生きる』、二〇二二年）。

日本の死刑制度の歴史

以下では、主として正木亮『死刑　消えゆく最後の野蛮』（一九六四年）から、日本の刑罰と死刑の歴史をたどって見てゆきます。

律令時代に中国から法制度が輸入され、仁徳天皇の時代（五世紀）には刑罰制度として死刑が定められたようです。嵯峨天皇の弘仁九（八一八）年、死刑制度がなくなりました。その理由について、仏教の影響が指摘されますが、あるいは、「たたり」思想も影響したでありましょう。以来三四七年間、執行されることはありませんでしたが、保元の乱（一一五六年）直後、源為義の死刑に際して復活しました。それは源平衝突の時代、武家興隆の時代でした。戦争と死刑制度が密接な関係にあることを示しています。後述するように、それは、アジア太平洋戦争まで引き継がれてきました。徳川時代の寛保二（一七四二）年の法令である『御定書百ヵ条』には、死刑に相当する刑が執行方法の違いにより一二種類九五項目挙げられていますが、その後も追加されています。大半が庶民同士の殺傷沙汰、放火・窃盗、倫理道徳に反すること（密通等）であり、政治権力に関わる事柄は、地頭に強訴する、公儀への謀計、関所破りに関わる事など僅かです。総じて、この時代の刑罰は「刑罰則死刑」でした。従って、他人の命を奪った者は自分の命で償えというカントをはじめとする同害法は当てはまりません。見せしめによる犯罪抑止でしょう。明治以降、総体的には死刑相当の罪、執行方法は減少していますが、逆に新たに増えた罪もあります。

明治二（一八六九）年、天皇から集義院にあった「御下問」には「今ヤ大政更始　宜ク古ヲ稽ヘ今ヲ明ニシ　寛恕ノ政ニ従テ忠厚ノ俗ニ復シ万民所ヲ得テ国威始メテ振フヘシ　頃者刑部新律ヲ撰定スル時仍テ玆旨ヲ体シ　凡八虐故殺強盗放火等ノ外異常法ヲ犯ニ非サルヨリハ大抵寛恕以テ流以下ノ罰ニ処セシメントス　抑刑ハ無刑ニ期スルニ在リ　宜ク商議シテ以テ上聞セヨ」とありました。その後、明治三年新律綱領が頒布され、以後明治一四年まで改定が行われました。それらでは死刑相当の罪が減らされており、執行方法も簡素化されています。逆に新たに加えられたのが①天皇・皇族に危害を加えた者、②外国に通謀して帝国に対し戦端を開かしめ（中略）③要塞、陣営、軍隊、艦船其他軍用に供する場所または建造物を敵国に交付したる者（後略）は無条件に（絶対法定主義）死刑となりました。これらも、同害法が当てはまらない国家への反逆です。

さらに、特別法として、明治一七年以降、治安を乱す者、国体を変革しようとする者（治安維持法）、戦時の犯罪、陸軍刑法や海軍刑法の死罪、国家機密や軍事上の秘密を漏洩した者等が死刑の対象なりました。

これらは国体護持や軍事的要請に応える死刑制度であることがわかります。

そして、昭和二〇（一九四五）年の敗戦後、昭和二二年の刑法の部分改正により、天皇皇族に関わるもの、軍隊に関わるもの、治安維持法が廃止されました。

死刑制度の問題点

根本問題

万事、相対的な人間社会の中で、命を奪うという絶対的な刑罰は論理的整合性に欠けるのではないでしょうか。

なお、死刑制度には、①誰を死刑にするかという犯人選別の課題とともに、②誰が執行（殺人）を命じ、誰が執行の実務をとるかという現場の課題があります。

殺人の相対化

私人による殺人はいけないと言いながら、国家による殺人を許せば、国が「殺されてもよい人」と、「殺されてはいけない人」を選別することになります。時々の国家権力が「善い殺人」（国家による死刑）と「悪い殺人」（私人が法に背き人を殺す）とを判別できるのであれば、殺人は絶対悪ではなく、相対悪となります。実際にそのようになっています。それによって、逆に、死刑の根拠が揺らぐことになるでしょう。裁判官が決めるといっても、善悪正邪の基準は、絶対的なものではありません。それをせいぜい数人の裁判官が決めるのです。裁判官は法律の専門家ではありますが、全知全能ではないし、犯罪の専門家とも言い難いです。エリートであるから、社会的弱者の心が的確に理解できるとも限りません。この背景には、この世で「善」と「悪」が、明瞭に区別できるという楽観的善悪二元論と、裁判が全能の裁判官によって公正に行われるに違いないという楽観論があるのではないでしょうか。あるいは、少々の誤差（過誤）は仕方がないと考えるのかもしれません。しかし、それでは人間の命を軽く見ることになり、死刑という絶対的処罰が必要だという根拠が失われます。さらには、法律そのものへの信頼が揺らぐことになります。なお、専門的には、国家権力を特別扱いする考え方があります。もちろん、一理ありますが、その特別の地位はどこまで及ぶかは時代や国によって異なります。今日のロシアには、私企業による軍事力が黙認されているようですが、日本では警察や軍隊を保持できるのは、国家権力だけです。しかし、犯罪や武力紛争を抑えるために準備し、臨機応変に行使される国家の暴力（学術用語）と冷静に理性的に判断して実行される死刑とは、区別して考えるべきです。政治学の研究対象として、もっと成果を素人にも公表してもらいたいと思います。

ドイツでは司法殺人（Justizmord 辞書では、無実の人を死刑にすることとある）という表現もあります。団藤氏は「およそ殺人の中でも、もっとも冷酷・無慈悲で恐ろしい計画殺人だというべきではありませんか」（団藤、一四四）と述べています。なお、元裁判官の森炎氏による『司法殺人　元裁判官が問う歪んだ死刑判決』（二〇一二年）という書物もあります。

日本では、同じ事態を言葉を変えて、別の事態のように表現する風潮があります。遠くは、アジア太平洋戦争の敗戦を終戦と言い換えたこと（余談ですが実は、敗戦（降伏）は、九月二日の降伏文書の調印であり、終戦は、九月のソ連の千島列島侵入の戦闘が終わった時です。八月一五日はどちらでもありません）。核エネルギーの民生利用である発電は原子力と言い、軍事的利用は核兵器と言っています。英語ではどちらも nuclear です。

死刑もまず、殺人と一括りにして、その中を事件と刑罰に分けて考えるべきではないでしょうか。

死刑の根拠

死刑を肯定するためにはさまざまの理由・根拠があげられますが、どの事件にも通用する普遍的な根拠は見当たりません。時々で、都合の良い根拠が挙げられ、しかも適用されたりされなかったりするのです。

哲学的死刑論

哲学的死刑論の代表はドイツの哲学者イマヌエル・カント（一七二四—一八〇四）です。カントの倫理学の根本である定言命法を哲学者のジャック・デリダ（一九三〇—二〇〇四、フランス）は、「あらゆる外因的計算のない内在的計算、ホモ・ファエノメノンのあらゆる仮言的、現象的な命法のない内在的計算において、いかなる利害も、いかなる経験的合目的性も社会的・政治的合目的性も考慮にいれてはならない純粋な命法のことですが、その定言命法、刑法の定言命法とは、同害法のこと、過失と刑罰との等価性のこと」と述べています（増田一夫「定言命法の裏帳簿　カントの死刑論を読むデリダ」『デリダと「死刑」を考える』二〇一八年、一五四頁）。

そこでは、復讐、仕返し、憎悪を払拭し、「等価性」と「非人称性」が特徴です。死刑に犯罪の抑止効果を期待することは、人間を防犯の手段とすることであり、カント哲学の基本に反することになります。純哲学的であるから、情緒は絡まない純理論的見解であり、現実の運用も考慮されていません。筆者の考察は、主として現実の運用の問題点を指摘しているので、直接カントに対応するものではありません。

カントが批判したのがベッカリーア（一七三八―一七九四、イタリア）です。ベッカリーアは「各人の自由のできるだけ小さな分担分を統合したものが、刑罰権の基礎なのだから、死刑は権利ではありえない。つまり、自分の生命は誰にも支配されてはならず、死刑は、『国家による謀殺』にほかならない」と述べました（平田俊博「宗教と死刑　キリスト教と近代功利主義」『地球システム倫理学会会報』第三号、二〇〇八年）。

法学者の団藤氏は「国家ないし法が殺人犯人を死刑にするというのは規範面のことです。犯罪の事実面は不合理の世界、不正の世界ですが、刑罰を科するという規範面は合理性の世界、正の世界でなくてはなりません。不正に対するに正をもってするのが刑罰でなければなりません。犯人が被害者を殺すのは不合理の世界であって、これと同じレベルで国が死刑によって犯人を殺すことを考えることは許されません。もし同じレベルで考えるならば、それは法が個人対個人の間の犯罪のレベルに自己を低める、貶めることになります。（中略）法は一段の高みに立たなければならない」（団藤、八一頁）と述べています。

森炎『死刑と正義』（二二五頁）にも、哲学的死刑論が論じられています。

先ず、死刑は正当防衛であるとして、肯定される論があります。かつてのローマ教皇庁がそうでした。プロテスタントのマルティン・ルターは「死刑を執行するために剣をとることは神に奉仕することを意味する」、死刑は「神が殺戮をおこなうものである」と述べているそうです。なお、本論後半に述べるように、現在のローマ教皇庁は死刑を認めない立場をとっています。

日本の関係者の死刑観は「生まれ変わって死んで行くことこそが最高の償い」だそうです。死刑確定から数年を経て（統計上は平均七年一〇カ月）執行されるのは、その間に悔い改めることが期待されているからです。そこには教誨師の役割が期待されています。確かに、教誨を受けるまでは、拘置所内で荒れていた死刑囚が「被害者への贖罪のためなら喜んで死ねます」といって絞首台に向かった例もあるそうです。

最近の日本では哲学者の一ノ瀬正樹氏の説があります。以下に筆者の理解した要点を記すと、「ロック由来の人権思想の原義に照らすならば、刑罰は所有権の『喪失＝賠償』として規定され」（一ノ瀬正樹『死の所有　死刑・殺人・動物利用に向きあう哲学』東京大学出版会、二〇一九年、四八頁）、刑罰は、加害者の所有物を奪うことに意味がある。ところが、「生命」は所有物ではない。したがって、所有物ではないものを奪っても、処罰にはならない。死刑無効論です。そこに横たわっているのは、死の所有という倒錯であると主張されます。

難解ではありますが、われわれが当たり前と考えている「死でもって償う」という考えも、「死を所有」していると考えるから、成り立つことであることが主張されます。世の常識ではありませんが、哲学的には十分、成り立つ議論でしょう。なお、命の所有、死の所有という考えは一般的ではありませんが、仏教の伝統のうえでは、十分、理解できる考え方です。無執著とか無我説から、自分で自分の命を所有しているということはできません。

法学者である団藤氏は、死刑は質的相違であり、他の刑罰は量的相違であることを述べて、「罰金と自由刑の上に構築された刑罰体系の中で、他の刑種とは越えがたい裂け目によって断絶され、完全に接続を欠き比較ができないところの、この系列の唯一の残存物であったし、現にある」というラートブルフ（一九二〇年代　ドイツのライ（王国・帝国）の司法大臣）の言葉を引いています（団藤、一四四頁）。

哲学的死刑論は、筆者の能力を越えていますので専門家に任せますが、哲学論の対象であっても、素人も参照すべきことは疑いありません。

「命を奪った者は命で償え」論

同害法ともいわれる、過失と刑罰との等価性を前提にするもので、カントの説として有名です。一見、わかりやすい理屈ですが、実際には単純ではありません。

前項で述べましたように、一般的に通りやすい死刑賛成論は失われた命は自分の命で償えというものでしょう。専門用語では「同害法」または「同害報復」（タリオ）と言われます。失われた命と同じ価値のあるものと考えられる加害者の命を奪うことです。旧約聖書にある「目には目を、歯には歯を」は有名です。なお、これについては、目に対して目以上のものを奪い返してはならないという歯止めの意味もあるそうです。

しかし、現実は単純ではありません。窃盗罪ならお金や物を取り返すことも一応、可能ですが、命は質的に相違しています（先述の一ノ瀬氏の説を参照）。さらに、現実には、殺人犯人の数は年間数百名であり、（事件と判決の間には、時間差がありますので、不正確ですが）死刑執行数は年間十数名です。実際に命で償ったとされる死刑囚の数は殺人事件のごく一部に過ぎません。命で償っていない殺人犯が多くいます。ということは、命で償うという論理が現場では一貫していないことをあらわしています。刑法の殺人罪についても、第一九九条は、「人を殺した者は、死刑又は無期若しくは五年以上の拘禁刑に処する」とあり、五年から始まる処罰の最後に死刑があります。命で償えという論理は、片隅でかろうじて生きているに過ぎません。

さらに、一人で複数の命を奪った加害者と複数人で一人の命を奪った加害者はどういう基準で被害者に償うことになるのでしょうか。被害者一人、共犯一人で死刑になったケースは戦後一一件でした（二〇〇五年時点。村野、二四〇頁）。

ある死刑囚の発言が大塚公子『死刑執行人の苦悩』（一九八八年、一四二頁）に記されています。「おれ、死ぬのはいいんだ。だけんど、おれは四人も殺したからなあ。四人の命を、おれ一人の命でつぐなえるのかなあ」。素朴で正直な声です。反対に、複数の加害者が一人の命を奪った場合、多くは主たる犯人と補助的犯人がいます。主犯が手を下さず、子分に実行させることも多いようです。どの範囲まで命で償うのかを決めるのは、裁判官の主観が大きく作用するでしょう。命で償うという論理が曖昧です。

国内の殺人事件の約半数は親族縁故者による殺人（嬰児殺し、虐待、心中、遺産争い、痴話、介護疲れからの殺人等）です。加害者は被害者の一族です。

親族の殺人については、日ごろから相手に虐待されており、相手を殺すしかないと思い詰め、実行する場合もあります。二〇一三年一月から二〇一七年八月までの要介護高齢者への殺人（未遂を含む）や心中、傷害致死は一七九件、死亡者一八九人でした（『読売新聞』）。二〇一一年以降の五年間で介護疲れによる殺害事件は一四二件。約四割は加害者、被害者ともに六五歳以上の高齢者です（『毎日新聞』二〇一六年一二月一五日）。単純に現象だけを見て、「残虐な犯罪だから、けしからん」と反応するのは、公平ではありません。親族殺の場合、再犯の恐れはほとんどありません。命で償わせると、その一族からもう一人死者が増え、遺族が増えます。嬰児殺しや高齢者の介護疲れの場合、命で償えという声は少ないでしょう。「命を奪ったものは、自分の命で償え」という論理は適用されていません。

同じ命でも、一般の評価には大きな差があります。大切にされ方に甚だ違いがあります。自分の命で償うという論理が通りません。障がい者が親族に殺された場合、加害者への同情が報じられると、障がい者は自分の命が軽んじられるように感じるといいます。社会福祉の不十分さなどに思いが及ぶことなく、自己責任にするからです。

森炎『死刑と正義』（一一九頁以下）には、親族間の殺人事件が取り上げられています。一九九〇年代半ば以降、死刑判決が避けられるようになりました。以前は忠孝の倫理の延長から、親殺しは厳しく断罪され、刑法では尊属殺人が通常の殺人よりも重罪とされていました。ところが、一九九〇年以降、相当の親不孝者と見られる者も、死刑を免れるようになりました。

一つには被害感情、子や孫を死刑にしてほしいという者はいそうにないこと。もう一つは、被害が親族内に留まり、再犯の可能性も低く、市民社会を脅かしていないことがあげられています。ところが、裁判員裁判になり、また死刑判決が復活しています。二〇一〇年一二月、宮崎で、妻と長男、妻の母親を殺害した事件です（森、一三四頁）。

このように、死刑判決は時代の思想の流れに影響され、変わっていくのです。

逆にいえば、今の死刑事件も数十年単位でみれば、死刑適用ではなくなる可能性もあります。革命でも勃発して社会がひっくり返れば、死刑基準が変わるのも理解できますが、時代思潮の変化くらいで基準が変わるのは、国家の信用度にも関わってくることでありましょう。

二〇二一年二月一七日の京都新聞には、元農水次官の長男刺殺事件の判決が報じられています。懲役六年で東京高裁の判決が確定しています。殺人罪の最低刑が懲役五年以上ですから、最下限に近い刑です。例外ばかりでは、自分の命で償えという論理は破綻しているといえましょう。

二〇一八年一月八日の毎日新聞には、「未成年者による新生児死体遺棄事件が後を絶ちません」という記事が掲載されました。これらの、新生児殺しであり、未成年者でもある親を死刑にしろという声はまず無いと思われます。複数の子がいるシングルマザーがその中の一児を殺したからといって、死刑にすると、他の子（殺された子の兄弟姉妹）が突然、孤児にされてしまいます。つまり、本人に何の責任もない原因（親が自分の兄弟姉妹を殺したこと）を理由に、自分の親が死刑になり、孤児になってしまうのです。

「他人の命を奪った者は、自分の命で償え」という論理は、現実には不可能なことを言っていることになるでしょう。従って、一部が恣意的に死刑になるのです。死刑の公平性（同じ程度の犯罪は、同じ程度の処罰を受けるという庶民の希望的観測）ではなく、一罰百戒的な意味で、同程度の犯罪者の中から、誰かが選ばれて死刑になると考えれば、理解はしやすいですが、刑の整合性は薄れます。実際には、特に凶悪な殺人犯のみが死刑となり、自分の命で償ったと見なされるようですが、その際、きわどい、境界例が多く残ります。例えば、二〇一五年、福岡県豊前市で小学五年の女児を殺害したとして、罪に問われた被告（四七歳）の裁判員裁判で、地裁は「最悪の性犯罪で刑事責任は重大」として、無期懲役の判決を下しました。死刑求刑に対し、「突出した残虐性、猟奇性はなく、死刑を科すほどに生命軽視の度合いが甚大とは言えない」と判断したそうです（『京都新聞』二〇一六年一〇月四日）。素人目には、これが死刑でなくて、誰が死刑になるのだろうかという疑問が湧きますが、法曹界では通用する考えのようです。このような主観的な基準で生死の分かれ目である死刑かどうかを決めることこそ、問題であります。控訴したかどうかの資料はありませんが、性犯罪の前科が複数有り、受刑中、再犯防止プログラムを受けていたといいます。

なお、判決内容とは別に、性犯罪防止のために、本人を病気ととらえて、治療すること、社会が対策をとることなど、多くの課題が明らかですので、単純に死刑の善し悪しの材料にするだけで終わっては、犠牲を無駄にしてしまうことになります。死刑にすることによって一件落着し、大事な課題を忘れてしまう恐れがあることのほうが深刻です。

被害者感情

被害者感情をもとに死刑が肯定される場合もあります。一ノ瀬氏は、「被害者感情とは誰の感情か」ということを問題にされています。

殺人事件の被害者は既に生存していません。事件後に被害者の被害者感情は現存しません。存在しない被害者の感情を刑罰の根拠にすることはできません。従って、生存している誰かが、被害者に成り代わって、被害者感情を主張することになります。従って、遺族は生きており、命を奪われたわけではありません。失ったわが子はわが命であるという感情はもっともですが、法律上は、生き残っている遺族の無念を犯人の命と等価に考えることはできないでしょう（一ノ瀬、五七頁）。

遺族感情は単一ではありません。一般的に言えば、高齢の親、祖父母を殺された場合と幼いわが子を殺された場合では、遺族感情は大きく違うでしょう。犯人を殺したいという感情もあるに違いありませんが、いつまでも、全てそうだと決めつけることはできないでしょう。嬰児殺しの未成年の母親は加害者ですが、同時に被害者の親でもあります。被害者感情は単純ではないでしょう。死刑を執行すれば遺族感情の一部は満たされるでしょうが、それが全てとは言えないはずです。「すっきりした」で終わるとは思えません。死者が生き返らない以上、一区切りにすぎないでしょう。中には、被害者遺族が「心の痛みは死刑では何も解決できない。生きて償ってほしい」と恩赦をもとめた例もあります（村野薫『死刑はこうして執行される』二〇〇六年、四二頁）。ただし、実際には執行されました。

さらに、殺人事件の半数近くが親族間の事件であることを考えますと、犯人を死刑にすれば、遺族が二倍の負担をかぶることになります。嬰児殺しの場合、親を死刑にしろという第三者の声は少ないのではないでしょうか。

赤の他人が嬰児を殺した場合には、反対に、他人を死刑にしろという声が大きくなりそうです。しかし、それでは、被害者である嬰児の命に軽重の差が出てしまいます。物心がつかない嬰児にとって、加害者が赤の他人か、身内かは判別できないこともあるでしょう。被害者感情を基準にした場合、一方が死刑になり、一方が通常の刑に服するのでは、不公平ではないでしょうか。

第三者が被害者感情を強調する場合も多いようです。それは正義感ではありますが、わが身の上のことではありません。当初は過激な表現をとりますが、時と共に変わっていく、薄れていく度合いも速いでしょう。

菊田幸一氏の基調講演「犯罪被害者と加害者」（第三回死刑廃止セミナー、二〇〇四年五月二八日、

『宗教者が語る死刑廃止』二〇〇六年、一五七頁）には、被害者感情の典型的な例がでています。

「自分が、もしくは身内が被害にあったらどうするのですか。くだらないことを言いなさんな。あなたたちは、被害者の人権より死刑囚の人権を守ろうとしているのです。（中略）悪いことをすればどういう罰を受けるのか、小学生でも知っています。（中略）キリスト教、仏教の代表者は人間であるか。（中略）被害者、その遺族を助けなくていいのですか。（中略）何が宗教者だ。悪魔を力添えしているなんて、正義はどこにある。」

まさに第三者の被害者感情でありましょう。ただし、被害者遺族を助ける必要性は、死刑の賛否とは別に、真剣に対処しなければならない課題であります。

近年までは、刑罰や死刑に頼って、被害者救援に関心が十分に向かなかったと言えるかもしれません。

「悪いことをすればどういう罰を受けるのか、小学生でも知っています」とあります。しかし、悪いことをすれば、罰を受けることは小学生でも知っていますが、どういう罰を受けるかは、小学生はおろか、大半の大人も知らないのです。

第三者が被害者に同情することは大事な意味があります。被害者を理解できず、被害者にも責任があると言って、さらに被害者を傷つける心ない人も少なくないのです。しかし、計算上は、被害者遺族と変わらない数の加害者家族・親族が存在するはずです。従って、今、事件の関係者ではない一般人（私）は、被害者になるとほぼ同じ確率で加害者や加害者家族になる可能性があることも忘れてはならないでしょう。死刑執行の「言い渡し」を行う拘置所長を務めたKさんが助けたいと心底願ったある死刑囚のひとりは、被害者の遺族から助命嘆願まで出されていました（大塚、一七八頁）。菊田幸一氏によると一九八七年六月一五日、アメリカ連邦最高裁判所は、死刑を求める裁判において、被害者個人の人格や家族の受けた苦痛を証拠として用いることは憲法に違反するとする判決を五対四で示しました。パウエル判事は「殺された者の性格、殺された家族の悲しみなどに陪審員が心を動かされ、恣意的、感情的に死刑を求めることがありうるが、死刑判決は気ままな感情ではなく、理性に基づくものでなければならない」（菊田幸一『死刑その虚構と不条理』六三頁。一九八七年六月一六日『ニューヨーク・タイムズ』の引用）と言いました。

犯罪被害者支援弁護士フォーラム『死刑賛成弁護士』（二〇二〇年）には、身内を殺された人々の思いが集められています。第三者が批評することを許さない切実なものであります。だからと言って、国家の制度は、被害者の「情」だけで成り立つものではありません。団藤氏が言うように、「法が個人対個人の間の犯罪のレベルに自己を低める、貶めることになります。（中略）法は一段の高みに立たなければならない」（団藤、八一頁）のであり、大事な点を指摘されています。被害者感情は大切にすべきことではありますが、死刑判断の根拠にするには曖昧な点が多すぎます。被害者遺族でも、全員が死刑を望んでいるのではないでしょう。生きて償いをして欲しいという遺族もあります。犯人の死刑執行で「すっきりした、一区切りついた」という遺族もありますが、何ら気持ちは変わらないという遺族もあります。遺族のいない被害者（家族・親族のいない孤独者）にとって、被害者遺族の感情は存在しませんから、処罰の根拠になりません。その場合、刑が軽くなるのでしょうか。

殺害事件の九八％は無期以下の処罰です。さらに、一八歳未満の少年（少年法第五一条死刑をもつて処断すべきときは、無期拘禁刑を科する）、心神喪失者（刑法第三九条）、過失致死・交通事故死・医療ミス等（刑法第二一一条「業務上過失致死傷罪」五年以下の拘禁刑又は百万円以下の罰金）には法律上、死刑がありません。これらの被害者遺族は、何ら合理的理由のない被害に対して、死刑無しで、苦しみに耐えていることを忘れてはなりません。被害者遺族の苦しみ悲しみは、加害者の事情（故意の殺人、傷害致死、過失等）によって大きく変わるものなのでしょうか。失われた命が帰ってこないことは、殺人であれ、過失事故であれ、同じという面もあるに違いありません。死刑の恩恵（?）を受けるのは被害者のごく一部分だけであります。まことに不公平ではないでしょうか。それとも、死刑適用範囲を拡げるべきなのでしょうか（村野薫『死刑はこうして執行される』二〇〇六年参照）。

加害者親族への差別迫害も重要な課題であります。加害者の家族が夜逃げ同然で家を去ったとはよく聞くことです。一九七六年に処刑された大量連続殺人犯は、元裕福な旧家の出であったが、高齢の両親は屋敷を処分し、高齢者施設を転々としました。死刑執行のニュースを聞いた地元の人びとは「殺人犯の骨を町に戻してなるものか」と一夜にして家の墓を暴き、先祖代々の遺骨や骨壺もすべて掘り出され、あたりに投げ出されました（堀川恵子『教誨師』二〇一四年、二四三頁）。江戸時代の連帯責任を思わせる行動です。犯人を教育した親が批判をあびるのは、致し方のない場合もありましょうが、個人の犯罪について、先祖まで批判されるというのでは、個人と集団を同一化した考え方であり、怨みは拡大していきます。今、平穏に暮らしているわれわれも、将来、子孫が重大な罪を犯すと墓を暴かれてしまうのです。

抑止効果

先に述べたカント哲学によると、「人間を手段として利用してはならない」というのがあります。ということは、犯罪抑止のための手段として死刑を利用することを、カントは認めないことになります。カントは特殊な例ですが、もし、死刑に抑止効果を期待するのであれば、現在の秘密主義ではなく、もっと、情報を公開すべきでありましょう。現状の秘密主義では、抑止効果を期待して、死刑が執行されているとは思えません。

次に、効果を証明する客観的データが十分にはありません。

死刑への依存を減少させた国々で、急激または重大に殺人率が変化する可能性がないことは、統計上同様の結果を得ている事実が有力な証拠であります（二〇〇二年国連）。カナダでは一九七六年に死刑を廃止した後、殺人率が四四％減少し、二〇〇三年には過去最低の殺人率を記録しました（柳下み咲「世界の死刑廃止：国際基準と日本の現状」『宗教者が語る死刑廃止』一〇六頁）。

一九九五年のオウム真理教事件、二〇〇一年六月の池田小事件（八人死亡、一五人重軽傷）、二〇〇八年六月の秋葉原事件（七人死亡、一〇人重軽傷）、相模原障害者施設殺傷事件（一九人死亡、二六人重軽傷）、二〇一七年の座間九人殺害事件（被害者には自殺願望があったとされる）、二〇一九年の京都アニメーション放火殺人事件（三六人死亡）はどれも現行の死刑制度のもとで、防げませんでした。

このほかに、どのような犯罪が抑止されているのでしょうか。死刑制度により抑止された潜在的事件が多数あったとすれば、制度を廃止したら、それらが皆、顕在化するのですから、日本はまことに恐ろしい国だということになります。

一九五五年四月、帝銀事件の上告棄却・死刑確定後、読売新聞は「死刑の是非」という欄を設けて、小野清一郎氏（著名な刑法学者・熱心な仏教徒）の存置論と正木亮氏の廃止論を掲載しました。その中で、小野氏は、抑制的ながら、制度としての死刑の存置を主張されます。倫理的な生命の尊重からやむを得ない場合があると言われます。しかし、生命の尊重において、例外的に死刑を認めることは、論理が一貫しないでしょう。生命の尊重の中に例外が存在することは、時々の社会情勢でいろいろな例外が生じることになります。

次に、犯罪の予防効果について、「長期にわたって死刑の存在が人間の本能そのものを抑制する社会心理的なコンプレックスを形成する」とされます。しかし、これには社会心理学的な裏付けが必要であり、法学者の直感だけでは不十分でありましょう。反対に、死刑制度が、悪い人間は殺してもよいという心理学的コンプレックスを形成するかもしれません。以下に述べるように、死刑を意識して生活している人間はどのくらいいるでしょうか。精神科医の小木貞孝氏は、獄中の死刑・無期囚を面接調査した結果として、「自分が死刑を宣告されるだろうと考えて犯行を犯したものは一人もいなかった」と報告しています（村野薫『日本の死刑』一九九〇年、一四七頁）。私自身、義務教育で死刑制度について、学んだ記憶はありません。自分を顧みて、「死刑があるから、殺人をやめよう」という気持ちがあるでしょうか。一般的には、死刑制度があろうが無かろうが、殺人を犯そうとは考えません。一方、死刑判決を呼び起こしそうな犯罪を犯すものは死刑制度があることを承知のうえで、自制心を失い、犯行に及ぶと推定されます。抑止とは一面は損得勘定です。殺人とは、異常な事態であり、そのような冷静な損得勘定で決断する事とは思われません。死刑の可能性を知っていても、一時の激情にかられて、犯行にいたる者（情動犯罪）、自分は捕まらないと確信して、犯行に及ぶ者も多いです。

一人で死ねないから、死刑の道連れを求めて殺人を犯す者が近年、目につくようになりました。平野啓一郎『死刑について』には、二〇〇一年の大阪教育大学附属池田小学校事件（児童八人殺害）以後、二〇二二年の渋谷焼き肉店立てこもり事件まで一〇件（内五件殺人）が「死刑になりたい」と起こした事件をあげています（四六頁）。

池田の小学校襲撃事件は、その可能性があります。二〇一九年五月の川崎市登戸通り魔事件（カリタス小学校の児童ら二人死亡、一八人重軽傷、犯人自殺）について、ある精神科医は「人生に絶望し、うまくいかないのは他人のせいだと復讐願望をつのらせ道連れにする『拡大自殺』だったのでは」（『東京新聞』二〇一九年六月四日）と言います。

ある二人の例では、二人とも強盗殺人で無期懲役の前科があり、一方は出所後一年、他方は八カ月で再び殺人を犯しています。

一九七九年以降、二〇〇五年九月までの確定した死刑囚一三二人中一四人が殺人の再犯者です。死刑制度を身を以て自覚していたであろう者が再び殺人を犯すということは、死刑が犯罪防止に役立っていないことを示唆します（村野、一一六頁）。ただし、これは、殺人犯はすべて死刑にすべし（再犯の恐れがなくなる）という理屈を補強する可能性もあります。しかし、無条件に殺人犯と言うと、当初は殺害の計画は無かったが、窃盗などの犯行が発覚しないように放火して、殺害する例もあります（一ノ瀬、五〇頁）。

死刑に威嚇作用があるとしても、秘密主義で、いつどのように執行されたかがわからなければ、効果は薄いでしょう。ただし、知らせ過ぎると見世物になる（団藤、一二九頁）、公序良俗に反する（八六頁）等の批判があります。

内乱罪については、理想に燃えて、国家を転覆させようとするのだから、死刑の威嚇くらいで取りやめるとは考えられません。首謀者を死刑にしても、後続者が一層凶暴にあるいは巧妙に企てるでありましょう。成功すれば法体系が変わり、首謀者は新しい政府の責任者として、より良い社会を築く可能性もあります。この場合、死刑の抑止効果は疑わしいです。処罰に抑止効果があるのは、飲酒運転・無免許運転のように、理性で慎むことができる犯罪や、冷静に損得を十分に考えられる人間に対してでしょう。怨みで市民感情を失ったものや正義感に燃えるものには、抑止効果は期待できません。近年の特殊詐欺、ネットを利用した犯罪のように、初めから違法を承知で犯罪をする者にも、法の威嚇作用は期待できません。死刑だけに威嚇作用があるのでしょうか。

市民社会の秩序・安定

国家の秩序とも言えるかもしれませんが、そこには内乱罪等の国家的な犯罪があるので、それは別にして、庶民に身近に感じられるのは、市民社会の秩序でありましょう。後に述べるように、この考えは、身内同士の殺人を死刑から外すことに繋がります。個人や民間の組織は殺人を犯してはならないが、国家権力は殺人（死刑）を犯してもよいという矛盾した理屈が、社会の秩序安定につながるでしょうか。

国家権力といえども、判決を書いているのは一市民、個人です。

経済効果

終身刑では、一生涯、国家が生活の面倒を見なければならないから、死刑のほうが安上がりだという意見があります。現状では、確かにそういう面もあるでしょう。森炎『死刑と正義』（二〇一二年）には、裁判員裁判で、無期懲役・事実上の終身刑も飛び越えて、死刑が科せられた例を挙げ、税金節約のためであると断じています。また逆に、死刑確定後、長期間執行されない例もあります。現行法では、死刑囚は刑を受けていない待機中の身ですから、労役を強制することはできませんが、法律を変えて、収益のあがる労役を課すれば、国費の支出を減らすことができるはずです。アメリカの民営刑務所では、受刑者が労賃の安い労働者として重宝されています。営利事業として、刑務所が民営化されているのです（堤未果『ルポ　貧困大国アメリカⅡ』二〇一〇年）。

なお、民営化は日本のＰＦＩ（private finance initiative）を含めて、各国にありますが、多くは、官営刑務所維持費の増大を抑える効果が期待されています（藤本哲也『犯罪学・刑事政策の新しい動向』二〇一三年、中央大学出版部）。

ここまで述べて思いますことは、死刑の根拠となる「命で償え（応報感情）」、「被害者感情」、「抑止力」等は、どの事件にも全て当てはまる共通の根拠ではなく、ある事件では命で償えが根拠とされ、他の事件では被害者感情が根拠とされたりと様々であり、一貫した根拠はないようです。近年では、市民社会の秩序を破壊することが、有力な根拠となってきたようです。要するに、死刑にしたいという目的に添う根拠が後から持ち出されているのではないでしょうか。

応報刑と教育刑

素人が解説できる主題ではありませんので、理解したところだけを述べますと、応報刑説には、罪に対する罰という意味が主であり、教育刑説には、罪を犯した人を、教育により改善更生させるという意味が中心になっています（後述、和解について）。死刑は完全な応報刑思想の上にあり、死刑判決を受けた者は、拘置所内で執行を待つだけの日々を過ごします。宗教教誨も行われますが、教誨師の主観的意図とは別に、国はおとなしく執行を待つだけの所内生活を期待しています。「罪を自覚し、精神の安静裡に死刑の執行を受けることとなるよう配慮されるべき（中略）心情の安定を害するおそれのある交通〔人や物の行き来〕も、また、制約されなければならない」（一九六三年法務省矯正局長通達、通称「六三通達」）ということは、判決への不満や冤罪を叫んでもらっては困るということでもあるでしょう（後述）。

実際には、教誨師の助けもあり、罪を自覚反省して、独房内で様々の贖罪行為をする死刑囚もいます。例えば、点字翻訳作業。また、罪を自覚して、その心情を短歌や詩に表し、外部に投稿する例もあります。そこに、判決から即執行ではなく、執行までの日々を空ける意義がうかがわれます。しかし、全く逆の例もあります。

「死を受け入れるかわりに反省の心をすて、被害者・遺族や自分の家族の事を考えるのをやめました」、「俺にとって反省する必要がないから死ぬということです。人は将来があるからこそ、自分の行いを反省し、くり返さないようにするのではないですか」という死刑囚もいます（眞田、二五五頁に引用の『毎日新聞』「正義のかたち〈六〉」二〇〇九年七月四日）。

被害者遺族・親族にとって、加害者が反省し、改善更生の道を歩んでいる場合と、まったく、開き直って、責任を自覚しないのと、どちらが好ましいでしょうか。法務省にとっては区別がないことでしょうが、被害者遺族にとって、被害者を思わない、場合によっては、被害者に責任転嫁する死刑囚が、そのまま死刑を執行されれば、一層の憎しみ・苦しみが湧いてくるかもしれません。

無期懲役ではなく、死刑でなければならない積極的理由があるでしょうか？

現行の無期懲役には仮釈放があるので、いずれ出所すると言われています。法律上は、最低でも一〇年経たないと仮釈放になりませんが、実際の運用では、多くが二〇年、もし身元引受人がなければ、一生涯仮出所になりません。現行法でも、実態として仮釈放の無い無期懲役になることもあります。無期懲役の判決を言い渡す際に判決文のなかで、仮釈放を許すべきではないという条件（加重《かちょう》条件）をつけることがあります（下に再説）。このような実質的な終身刑を視野に入れた場合、抜きがたい犯罪性向を消滅させるためには死刑以外ないという理由が必要です。

森炎氏は出所して再犯をくり返す「抜きがたい犯罪性向」に対しては、終身刑で十分と述べています（『死刑と正義』一〇九頁）。

人間の判断はどこまで信頼できるか？

智慧・能力が不完全で、情動が危うい人間が完全、正確、公平な判決を下せるのでしょうか？　現実には、どこかで妥協して、判決が決まるでしょうが、生死を分ける死刑判決がそのような曖昧さを含んでいてもよいでしょうか。どうせ相対的な人間社会だから、死刑も、不完全な論理と証拠で執行されるのは仕方がないとあきらめるのでしょうか。それでは、冤罪の被害者の人権より、国家の権力維持のほうが大事であると考えることにつながります。

デイビッド・T・ジョンソン氏は「『人間は誤るものだ』とよくいわれる。しかし、いったん過ちが起こったとき、人間にはその過ちを『隠す』か『認める』かという二つの選択肢が与えられる」と述べています（『アメリカ人のみた日本の死刑』二〇一九年、一〇八頁）。そうだとすれば、国家権力は隠してもよいという立場になります。

裁判員裁判が導入されました。それについて、小坂井敏晶氏は『人が人を裁くということと』（二〇一一年、五二頁以下）で、「裁判官は緻密で合理的な思考をする。対して、素人の判断は感情に流されやすい。だから素人には裁判できないと結論づけるべきか。逆に、職業裁判官の感性は一般市民とずれているので、庶民の生活感覚を反映させるべきだという意見もある。（中略）これらの意見は両方とも問題の核心を見失っている。（中略）裁判官と裁判員のどちらにより正しい判断ができるか。この問いには原理的に答えが存在しない。（中略）どのような裁判形式ならば国民の信頼を得られるか、社会秩序が安定するかが肝心なのである」と述べています。量刑については、素人と職業裁判官のあいだに、このような違いがありうるでしょうが、事実の判定については、どちらがより正しいとは言えないでしょう。陪審員制度のある国では、事実認定のみ陪審員にさせ、量刑は職業裁判官が決めるところもあると聞きます。そこでは、死刑を決めるのは陪審員ではなく、職業裁判官だけになります。

小坂井氏は、「裁判の根本問題は、犯罪を裁く主体、正義を判断する権利は誰にあるかである。刑事裁判の告発主体は被害者や遺族ではなく、共同体を体現する国家であり、共同体秩序への脅威に対する反応が国家主宰の刑事裁判だ」と述べています。

註）私が依り処としている浄土真宗は、「悪人正機」説で知られているように、善悪を超えて全ての人を救い、仏の覚りを得る教えです。その基本は、人間が不完全な危

う生きものであることにあります。そこから、どんな人間も等しく仏になる可能性を持っていると考えます。人を裁くに当たっても、裁く側の人間の有限性をわきまえるべきだといえましょう。

殺す人と殺される人

死刑制度が成り立つためには、殺す人と殺される人が不可欠です。死刑制度を論じるとき、殺される人（加害者・犯人）についての議論は多いですが、殺す人（刑の執行者）についての議論は少ないようです。民主主義国においては、殺す人が誰かをもっと、詳しく論じる必要があります。

かつて国会では、以下のような議論が行われました（一九八七年七月二一日）。矢原氏（公明党矢原秀男議員）「東ドイツは死刑廃止を決定したが、死刑の存廃問題について、どのように考えているのか。」首相（中曽根首相）「死刑問題については国民の関心も高い。世論調査によると、死刑廃止に賛成が一三％、反対七〇％であり、国民も存続を認めている。国家社会の正義を維持する観点からも、死刑は存続してしかるべきと考えている」（大塚、一七七頁）。

しかしながら、筆者が以下に論じていますように、内容を十分知らされていない中での国民の関心は高くても低くても意味が乏しいのです。首相の言いたいのは、「国家社会の正義」であるようですが、死刑にするかどうかの基準が、国家に都合が良いかどうかであるから、その正義とは、国家権力に都合が良いかどうかになってしまいます。死刑制度が廃止された国では、世論が多数派を形成したからではありません。死刑制度廃止については少数派であった政治エリートが主導して、廃止されたのです（ジョンソン、一四三頁）。

日本国内の死刑存置論の主流は、被害者感情やそれに同情する感情です。これらは感情ですから、論理的反対論は受け付けません。世論で廃止派が多数を占めることは至難であります。逆に言えば、理論的根拠は十分ではないのです。恣意的な根拠ということになります。団藤氏は、政府が死刑廃止に消極的なのは、世論が消極的だからと述べますが（団藤、一九頁）、筆者の見解は、世論は隠れ蓑であって、国家権力が弱められると危惧する当局者の本音が重要です（団藤、四三頁）。

二〇〇九年、日本で裁判員裁判が始まりました。専門家だけの閉じられた世界で裁判が行われていたのが、広く国民に開かれることになりました。しかし、辛辣な見方をすれば、裁判の責任を国民にも負わせることになったのです。専門家だけで出す判決に説得力が不十分となり、国民が取り込まれたとも解釈できます。欧米の陪審制、参審制に比べて、素人の権限が弱いと指摘されています（小坂井、一三頁）。

通常、死刑制度の賛否を問うアンケートの場合、死刑にかかわる法律の説明はありません。総理府（当時）のアンケートでは、「人を殺した者。内乱の首謀者、人のいる建物に火をつけた者」（団藤、二四〇頁）となっています。一般の回答者は、せいぜい、種々の殺人事件、放火や爆破、乗り物を破壊することなどを念頭において、回答することになるでしょう。ところが、内乱罪・外患誘致罪・外患援助罪まで考慮すると、死刑の意味は大きく変わってきます。結果として、命が失われることがあるとしても、このような犯罪は、人の命を奪うことが目的ではありません。ここで明らかになるのは、日本においては、死刑の本質は、単純な命を奪ったものは、命で償えということにおさまらず、国家権力の中心課題につながります。それは、国内の戦争、外国との戦争として考えられます。となると、実際に殺人を犯すのは組織の末端であり、首謀者が直接手を下す可能性は低いのです。反対に、首謀者を死刑にすると、威嚇効果よりも、遺志を継ぐ後継者を煽る可能性もあります（団藤、九五頁）。マックス・ウェーバー（一八六四―一九二〇）によると「国家とは、ある一定の領域の内部で――この『領域』という点が特徴なのだが――正当な物理的暴力行使の独占を（実効的に）要求する人間共同体」（『職業としての政治』一九八〇年、九頁）ですから、死刑制度は国家権力の正当性を明瞭にすることなのです。殺人罪はその一例に過ぎません。

死刑制度の賛否を問うアンケートは、このような死刑の本質を隠して、素人の情を問うているのではないでしょうか。しかも、「人を殺した者」という設問には、冤罪は無いことを前提にしています。

理論では、賛否、どちらにも相当の根拠があると言えそうですが、現実を見る時、理論どおりの執行ができるかどうかが課題です。

なお、ＥＵをはじめヨーロッパ諸国等で死刑が廃止されているのは、死刑制度をもって国家権力の威力を示威しなくても、権力を維持できるという自信があるからではないでしょうか。逆にいえば、国家権力の当局が権力保持に自信がないから、死刑制度が権力維持の手段に利用されているのではないでしょうか。それなら、権威主義国に死刑が多いことも納得できます。

第二章　日本の刑事司法の問題点

実態の隠蔽

本章では、死刑が確定し、執行されるまでの、日本の刑事司法についての問題点を論じていきます。日本では、「行刑密行主義」と佐藤友之氏が書いている通り、刑罰の執行が内密に行われていきます（『死刑の日本史』一九九四年、一七一頁以下）。したがって一般人には死刑についての、リアリティーが持てませんし、関心がわきません。凶悪犯罪と死刑制度について、十分に知られていない（知る努力、知らせる努力が不足している）にもかかわらず、政府は世論が支持しているから制度を変えないと言います。例えば、二〇二二年七月二六日、東京・秋葉原の無差別殺傷事件で死刑が確定していた加藤智大死刑囚に死刑が執行されましたが、古川法務大臣はその後の記者会見で死刑制度のあり方について、「国民世論に十分配慮しつつ種々の観点から慎重に検討すべき問題である。国民世論の多数が極めて悪質、凶悪な犯罪は死刑もやむを得ないと考えており、凶悪犯罪が後を絶たない状況等に鑑みると、著しく重大な凶悪犯罪を犯した者に対しては死刑を科することもやむを得ない」と述べています。確かに、内閣府が五年ごとに実施している死刑存廃についての世論調査によると、「死刑もやむを得ない」と回答する割合が、直近の二〇一九年の調査では八〇・八％という高い数値を示しています。

しかし、これに関連して言えば、総理府（現内閣府）の世論調査では、予備質問として、「凶悪な犯罪は減っていると思いますか」というのがあります。一九八九年には九〇・八％が「増えている」と答えています。実際は、凶悪犯罪（殺人）認知件数は、一九五四年の三〇八一件をピークとして、その後は多少の増減はあっても、ほぼ一貫して減少傾向を示し、二〇一六年には戦後最低の八九五件となりました。つまり、世論調査の回答者が事実を正しく理解しないで、賛成・反対を回答していることになります。一般論として、個別の事件に法を適用するとき、世論が考慮されることが適切でしょうか。その時の世論とは、マスコミ等の報道が大きく関わっています。扇情的な報道に偏るのではなく、適切な情報発信がマスコミにも必要です。

イギリスのサー・ロバート・ピール氏は、「世論とはバカげたこと、根拠の薄弱なこと、新聞記事の膨大な集積」ときめつけました（佐藤『死刑の日本史』二三五―二三六頁）。デイヴィッド・T・ジョンソン氏は「現在、日本ほど刑事司法が閉ざされている民主国家は存在しない」（『アメリカ人のみた日本の死刑』二〇一九年、一〇四頁）と書いています。

死刑制度の実態を一般に知らせないのはなぜでしょうか。知らせると、反対論が広がるからか、あるいは死刑制度が後ろめたいからでしょうか。死刑制度が当然なものであれば、死刑に関わった人々はもっと堂々と死刑の話をするはずです（大塚公子『死刑執行人の苦悩』二〇〇六年、二一九―三二一頁）。小坂井敏晶氏は「フランスの重罪裁判を務める参審員は、公判前に刑務所を見学させられる。有罪になった被告人がどのような生活を送るか、前もって知るためだ」、「裁判官と裁判員に死刑執行の様子をビデオで見せたらどうか。あるいは死刑に実際に立ち会って、自分たちの判決のもたらす結果を実感してから判決を下すとしたら、どうだろう」（『人が人を裁くということ』二〇一一年、五五頁）と言います。

アメリカには、処刑場に犠牲者遺族の席があり、執行に立ち会うことができる場合があります。「さあ、一番前に座りなさい。これからあなたの愛した人を殺した犯人の処刑が行われるから、よく見なさい」と言うそうです（シスター・ヘレン・プレジャン「基調講演「いのちを見つめて」」第五回死刑廃止セミナー『宗教者が語る死刑廃止』二〇〇五年。同様の指摘は佐藤友之『死刑の日本史』二四一頁以下にもあります）。

地下鉄サリン事件被害者の会の代表世話人の高橋シズエ氏は、「（オウム事件の）一三人の死刑が確定してから、被害者の会は死刑執行に関して、死刑囚に面会することや執行に立ち会うこと、あるいは執行の連絡を直接受け取ること等の要望を、法務大臣に何度も提出していた。死刑存廃を議論する前に、死刑の現状を知ることが必要だと考えたからだ。他にも、絞首刑の残酷さや、執行後に遺族の『死刑になったからといって殺された家族が戻るわけではない』などの発言、被害者が裁判に参加できるようになったのに、死刑や死刑囚に関しての情報が閉ざされていること等々、課題は山積している」（『中外日報』二〇二〇年九月一六日号）と述べています。

なお、二〇二〇年一〇月二一日、法務省は確定死刑囚の刑執行後、被害者の遺族らにすぐに執行の事実を伝える仕組みを制度化しました（「被害者等通知制度の対象拡大」）。

ちなみに、中世までヨーロッパに刑吏はいなかったそうです。罪人は「市民」の手で処刑しなければならなかったのです（佐藤友之『死刑と宗教』二〇〇二年、九七頁）。

執行責任者の曖昧さ

一般人からみて、凶悪犯罪を犯した犯人には死んでもらいたいと思わざるをえないことも多いです。しかし、死刑は犯人が自発的に死ぬのではなく、国家が殺すのです。独裁国家は別として、民主主義社会では、死刑も法律に則って誰かが殺人を犯さねばなりません。

関係者は、

先ず第一に国民
続いて立法府（法律を作った当時の国会議員・その後改定しない現職の議員）
死刑判決に関わる検察官・裁判官

が挙げられます。裁判官については、かつて裁判官であった森炎氏が、自らの経験からこのように書いています。「現実の裁判では、思い悩むことや感情が乱されることは、嘘のようにまるでなかった。逆に、公判や日頃の執務では、情動が停止して感情が固定したような状態となり、何も現実味をもって感じられなくなった。（中略）裁判自体、自分がやっているというよりは舞台を見ているような感覚であり、法廷で被告人に接してもガラス越しに見ているような感じである。（中略）死刑判決は生身の人間を抹殺する命令であることには違いない。それゆえ、判決を受ける側だけでなく、発令する側にも何らかの異常を引き起こす可能性はある。職業裁判官の判断は前例を踏襲して行う先例主義だから、ある意味では否応なく、死刑宣告をしなければならない立場に置かれる」（『司法殺人』二〇一二年、一二三頁）。

執行を命じるのは法務大臣（法務省）、命じられるのは拘置所関係者（特に刑務官）です。ここには、執行（殺人）を命じた者と命じられて実行した者があります。法社会学者の河合幹雄氏は「裁判員に選ばれることで、人は、人を殺す自由を手にする」「ほとんど『神』になる」と言います（『日本の殺人』二〇〇九年）。死刑が相当と思われるような事件では、被害者でなくても、第三者でも、犯人に死んでもらいたいと思う場合が多いでしょう。しかし、誰が、死刑執行の実務をとるかを考えていない場合が多いように思われます。

文筆家の師岡《もろおか》カリーマ氏は「オウムの死刑執行」（「本音のコラム」『東京新聞』二〇一八年七月二二日）において「本来死刑執行は事前に正式発表されるべきではないか。（中略）市民が殺すという発想は日本ではなじみがないが、国民主権の原理で考えれば、死刑も国民の名のもとに行われると言える。ならば、私たちの知らないところで執行されるべきではない。（中略）『今日、私たちの名において〇〇死刑囚が縛り首になる』ということを厳粛に自覚しながら一日を過ごすべきだ」と述べています。もっともな意見です。大多数の国民が知らない間に、国家権力によって、国民（とは限らないが）の一人が抹殺されるということは、民主主義国家とは言い難く、権威主義と紙一重ではないでしょうか。死刑が殺人の一種であること忘れてはなりません。

思い起こされるのは、オウム真理教の関係者に死刑が執行された際、当時の法務大臣が執行の書類に判をついてから、執行日までの間に、俗称「赤坂自民亭」という宴会に加わっていたことです。二〇一八年七月五日、当時の安倍首相、現在の岸田首相（当時は政調会長）も同席していました。担当大臣にもその自覚がないのだから、国民は全く自覚しないで過ごしています。かつて、法学者の平川宗信氏は「絞首刑の綱の一筋は国民一人一人が引いている」という趣旨のことを述べられました。

森炎『死刑と正義』「まえがき」によると、「これまでの職業裁判官制度のもとで、形式的で硬直的な基準によって死刑が決められてきたことは、誰もが薄々は気づいているだろう。（中略）より自由度の高い判断に変わったことはまちがいない。（中略）これまでの官僚司法が市民の司法に変わったことで、これからは正義の価値観を示すことができるようになった

（中略）。市民社会の普遍的な価値を明らかにしなければならない」ということであります。

同じ論理を進めますと、死刑執行にも庶民が参加することを検討すべきではないでしょうか。外野席で死刑を応援するだけで、殺人の苦悩を現場の所長や刑務官に負わせるのではなく、庶民も執行者の苦しみを分かち合う必要があるのではないでしょうか。ボタンを押すだけなら、専門的訓練は必要がありません。ただし、実現すれば、その場で卒倒する人、以後の人生が狂ってしまう人が多く出るでしょう。逆に言えば、そのような不条理を、一部の末端の公務員に無理強いしているところに問題があります。判決を書いた裁判官、求刑した検事、国民を代表する立場の法務大臣も当然刑場に同席すべきであります。死刑はそれほど、重要な刑罰の執行であります。われわれ一般人は、その恐ろしさに気づかねばなりません。

ある法務大臣が矯正局長を呼んで、「死刑制度について検討したいので、執行に立ち会った経験のある職員に話を聞かせてほしい」と頼んだ時、「それだけはご容赦下さい。誰も思い出したくないのです」ときつい口調で即答したといいます。また、「たまたま刑務官という仕事に就いたばかりに、我が子を抱くその手で、今、目の前で生きている人間を処刑しなくてはならない」という刑務官もいます（堀川恵子『教誨師』二〇一四年、二〇四頁）。

三審制

日本が採用している三審制とは、三段階の裁判所を設けて、最大三回の審理が受けられる制度です。一審は基本的に地方裁判所（又は家庭裁判所・簡易裁判所）で行われ、一審の判決に不服があれば、上級の裁判所に控訴し、更に不服があれば最高裁判所に上告できる制度です。

日本では被告・検察ともに控訴できるので、初審より重い刑が言い渡される場合もあり、初審で拘禁刑だったものが高裁で死刑になることもありますが、国によっては、被告のみが控訴できるから、初審より重い刑罰は考えられない国もあります。高裁の判決に不服があれば、最高裁判所に上告できますが、最高裁では、被告人自身の出廷は求められないまったくの書類審査です。上告の理由は憲法違反や判例に相反する場合に限定されています（刑事訴訟法第四〇五条）。例外的には事実誤認も理由とされますが、新たな証拠調べはありません。死刑事件の場合、一回だけ口頭弁論が開かれます。検察官と弁護人（被告本人は不出廷）を呼び、三〇分から一時間、意見を陳述させます。ほとんどの被告人が上告棄却、すなわち実質的に審理をしない門前払いの形で裁判を終えます。裁判制度に詳しくない庶民の一人である容疑者は取調中に虚偽自白をさせられて、「苦し紛れに、一時逃れで、嘘をいっても、三度の裁判があるから、裁判官は被告を理解してくれるであろう」と期待しますが、現実はそうではありません。

死刑基準の曖昧さ・情状酌量と本人の反省

以下に述べますように、人間の生命を剥奪するという重大事を決する上で、いかに曖昧な基準が用いられているかを痛感せざるを得ません。このようなことで、誰が納得するのでしょうか。

言葉は汚いですが、事態を鋭く指摘している次の文を、菊田幸一氏の書物から引用します。三鷹事件最高裁判決（昭和三〇年一二月二四日）が死刑を確定したのも一票の差であった。同房であった（K・O）はその著書のなかで、竹内〔同事件で死刑判決を受けた組合の闘士。

最高裁で死刑確定後、獄中で病死――筆者註〕の言葉をつぎのように記している。「最高裁の野郎どもは八対七の一票差でおれの死刑をきめやがったんだよ。K・Oさん！　たった一票の差だよ。俺の命は。田中耕太郎〔最高裁長官〕の入れた一票で逆転死刑判決だ！　あの野郎！　選挙じゃあるまいし、人の命を扱う死刑判決を一票差で争うとは、これが現代日本の司法の最高峰の座に位置する一握りの裁判官の頭脳の程度か」（菊田幸一『死刑』一九九九年、二〇八頁）

刑法には、被告人の精神状態について、次のような規定があります。

刑法　第三九条
①心神喪失者の行為は、罰しない。
②心神耗弱者の行為は、その刑を軽減する。

人間の精神は数値で表せるような現象ではありませんから、専門家であっても、全く同じ診断が下されるとは限りません。それを、医師ではない裁判官が採用するのですから、当然、きわどい結論になります。死刑可否の判断は非常に曖昧となります。

死刑の基準

刑法第一九九条では、「人を殺したる者は、死刑または無期若しくは五年以上の拘禁刑に処する」とあります。ということは、殺人罪のうち、五年の懲役になる者から、死刑になる者まであるということになります。その中で、死刑にしなければならない犯罪者はどのような人でしょうか。

二〇一七年の殺人事件の被害者数は三〇〇人弱、犯罪時期は異なりますが、二〇一七年の死刑執行数は一〇人前後です。

一九九四年から二〇〇三年の間に、殺人犯が死刑を言い渡された割合は一・三%でした。死刑になる人は殺人犯のほんの一部なのです。

かつて法務省の高官に講演で、「刑務所に入るのは犯罪者のごく一部である、選びに選ばれて、刑務所に来る」と聞きました。一般人の予想とはかなり差があります。ということは、選別の基準がかなり厳しいということになります。死刑判決も当てはまるでしょう。

一九八三年、最高裁は永山事件の判決理由で、

①犯行の罪質、②動機、③態様、ことに殺害方法の執拗性・残虐性、④結果の重大性、ことに殺害された被害者の数、⑤遺族の被害感情、⑥社会的影響、⑦犯人の年齢、⑧前科、⑨犯行後の情状等を総合的に考慮して決めるべき、とする判断を示しました。最高裁判所が示した死刑選択基準で、世に言う永山基準です。

しかし、ここには、死刑か否かを判断する基準そのものは示されていません。

ここから、実務的には、複数の人を殺した場合は死刑となる場合が多くなります。（藤本、二二四頁）「命で償うという論理」が「殺した命の数で償い方が変わるという数量の論理」に変わるのです。

その結果、一人を殺しても死刑にはならないから、一人だけにしようという犯人まで出てきます。逆に、死にたいけれども、自分一人では死ねないから、大勢を殺して死刑になりたいという者も出てくるのです。

一九八五年から一〇年間のデータ（法務総合研究所調査）では

求刑

被害者が一人の場合　死刑七人（三％）、無期二三〇人

被害者が二人の場合　死刑二三人（七三％）、無期九人
一九九〇年から九七年の検察の死刑求刑事件数六一件、死刑判決数三三件です。

実際にどれだけの刑が求刑されるかは、裁判官（検察）の恣意で決まるといいます（団藤、一八三頁）。すべては検察官のさじ加減ひとつのように見えます。

「量刑判断の主要な材料とされる、たとえば犯行の動機、殺害方法の執拗性および残虐性、犯行後における態度、年齢、性格、経歴、生育環境、遺族の被害感情――といったものは、いずれをとっても、みな客観化しづらいものばかりである。（中略）こうした検事の求刑に対して、いかなる予断をも持つことなく、客観かつ適正なる判断を加えるのが裁判官（判事）ということになっている。（中略）ただ、実際問題として、死刑事件に関するかぎり、裁判官の裁量範囲は一般に思われているほどそう大きくはない。むしろ、実質からいえば、求刑時における検察官のほうがもっと大きいだろう。（中略）大袈裟にいえば、検察の当初の求刑が非常に高い割合で死刑確定へとつながっていく（中略）冤罪被告が容易に雪冤されず、ずるずると確定まで流れていく」（村野薫編著『日本の死刑』六四頁以下）という同様の指摘もあります。

森炎『死刑と正義』（二〇一二年、一四六頁以下）と同『司法殺人』（二〇一二年、一六三頁以下）に

は、裁判員裁判以前の職業裁判官時代には、かなり明快な死刑基準があったことが述べられています。そこでは、三人以上殺害であれば原則的に死刑を選択し、第二次的な基準として金銭目的の殺害、犯行の計画性が考慮され、そして、金銭目的の中で最も重いのが身代金目的誘拐殺人、次が保険金殺人、次が強盗殺人という序列がありました。ということは、単なる検察官のさじ加減ではなく、素人には理解し難い専門家間の原則もあったことになります。ただし、裁判員裁判により、この原則は崩れつつあるようです。

情状酌量とは

市民的及び政治的権利に関する国際規約（自由権規約）（一九六六年）第六条には「何人も恣意的にその生命を奪われない」とあります。

これらに抵触しそうなのが情状酌量です。「情状酌量は相対的であるが、死刑判決は絶対的」は重要な点です（団藤、一八三頁）。

情状酌量とは、本人の反省や親族による賠償によって刑が軽くなることです。一般に、①

裁判官の前で「改悛の情」を示す　②被害者（遺族）の赦しを得るの二つをクリアーしないと、情状酌量の対象になりません（佐藤友之『死刑と宗教』）。裁判の場で、被告が起訴事実を否定したら、情状酌量から外されます。森炎『司法殺人』（一七三頁以下）には、ほとんど同等の両親殺害事件で、一方は死刑となり、一方は懲役一三年となった例をあげ、死刑になったのは犯行を否認したからであるといいます。本当のところは、第三者にはわかりませんが、否認のなかに冤罪を入れれば、まことに恐ろしいことです。死刑を免れたければ、冤罪を我慢しろということになりかねません。冤罪を主張することは、国家権力への反抗とみなされるからではないでしょうか。

オウム事件の被告のうち、多くが死刑を宣告された中に、一人だけ死刑を免れた被告がいます。それは、本人が罪を認めて捜査に協力したからのようです。同等の罪を犯しながら、一人だけ死刑を免れるのは全く不自然です。懲役の短縮なら理解できますが、生死を分ける減刑は整合性に欠けます。

美達大和『死刑絶対肯定論』（二〇一二年、八八頁以下）には、大学生が二人を刺殺し五万円弱を奪った事件と、一九歳の少年がタクシー運転手（一人）を刺殺した二件の強盗殺人事件が例として挙げられています。二人を殺した大学生には死刑が求刑されましたが、無期懲役が言い渡されました。理由は親が遺族に八〇〇〇万円を払ったこと、将来の更生が見込まれることとなっています。他方、一九歳の少年は、被害者は一人であり、求刑は無期でしたが、弁護人は「未成年であり、更生も十分考えられる」と弁護して、減刑が想像されたにもかかわらず、求刑通り無期刑となりました。親の賠償金（民事賠償、見舞い？）と更生の可能性があるということで、刑が軽くなるということは、世間の常識とは言い難いです。特に、親の賠償は、経済力が判決を左右するという非民主的制度ではないでしょうか。

他にも、多額の賠償金が支払われたために、死刑を免れた例があります。

帯広・留守番幼児殺傷事件（二〇〇一年）と埼玉・春日部の銀行員の顧客障害者夫婦強殺事件（一九九八年）です。前者は両親が留守中に、近所に住む無職の若者が犯した犯行（一審死刑、二審無期懲役で確定）で、被告人とその親が、二千万円を支払う約束をしたというものです。後者は大手都市銀行の幹部行員候補者として入行して八年目の若手行員による犯行（一審、二審ともに無期懲役）で、勤め先の大手都市銀行が相当高額の金（おそらく五千万以上）を支払っていたものです（森炎『死刑と正義』二二四頁）。

なお、浜井浩一『2円で刑務所、5億で執行猶予』（二〇〇九年、一〇〇―一二〇頁）では殺人事件ではありませんが、五億円の詐欺をはたらいた被告が執行猶予付き判決を受け、数百円から数千円の無銭飲食や万引き犯が刑務所に入っていると言います。

ちなみに、刑務所を出所しても引き取り手が無く、行き場のない高齢者は、万引きをくり返して、入所することになるのです。出所後の最低限の衣食住を保障することが、再犯を防ぐ大事な要素であり、これは社会福祉の問題とも密接に関わっているのです。

アメリカでは、黒人が白人を殺した場合のほうが、白人が黒人を殺した場合より、死刑判決の割合が高いといいます（一ノ瀬、四六頁）。日本でも、差別感情が判決に影響した例があります。典型は狭山事件です。その他、死刑裁判ではありませんが、レイプ事件では、明らかに男女差別的な判決が続いていました。しかし、二〇二〇年の東京や名古屋の高裁判決では、それを否定して、これまで弱者であった女性の立場を十分に顧慮した新しい判断が出ました。二〇二三年には、性犯罪に関係する刑法が改正され、同意のない性行為が犯罪であることが明文化されました。今後、流れは変わるでありましょう。

小坂井氏は、「被告人がどんな家庭環境で育ったのかを、他人事として事務的に聞き流すか、感情移入しながら聞くかが、情状酌量で無期懲役か死刑かの分かれ道になるかもしれない」と言います（小坂井、五五頁）。

人間の本当の姿は、本人を含めて誰にもわかりません。従って、本人が反省しているとか、更生の可能性があるということは、確実なことではありません。それが、死刑と無期の違いになるのでは、合理的とは言えません。

「イギリスでは死刑と終身刑の間に厳密な境界線を作ろうとして失敗し、それもあって死刑の廃止に踏み切った。ドイツにおいても、死刑再導入の議論の際に、完全に犯行が立証され、しかも自白した者だけを処刑することで冤罪を防ぐ工夫をしようとしたが、当然そうした試みは頓挫せざるをえなかった」（『シュピーゲル』一九六四年四四号、志村恵「死刑がないという「幻」」『宗教者が語る死刑廃止』一〇四頁）とも言われています。

死刑囚の生活と刑の執行及び死後の後始末

法律上、死刑囚は刑が執行されていない刑事被告人（未決拘禁者）に準じて、刑務所ではなく拘置所に収容されています。ところが、実態は独房に拘禁されている状態です。一九六三（昭和三八）年三月の矯正局長通達以前は、以下に述べるように、比較的緩い処遇がなされていたようです。「刑死を待つ者に対する人情を無視することは出来ず、また理論上も死刑確定者はその執行を待つだけであるから、拘置監に拘禁し、その処遇も原則として比較的自由な刑事被告人のそれに準ずる」「刑死を待つものに対する立法上の抑止しがたい人情にもとずく『法の涙』による。それが死刑確定者に在監中いわば最も高い法律的地位を認め、比較的自由な処遇を与えている趣旨であると思われる」（小野清一郎・末川弘編『監獄法』一九七〇年）。

ところが、一九六三（昭和三八）年三月矯正局長通達法務省矯正甲第九六号（一九六三年三月一五日）では「罪を自覚し、精神の安静裡に死刑の執行を受けることとなるよう配慮されるべき（中略）心情の安定を害するおそれのある交通〔人や物の行き来〕も、また、制約されなければならない」となりました。

この「六三（一九六三年）通達」が出る以前は、死刑囚全員が運動の時間に野球などをしたり、演劇会や映画鑑賞会、詩歌や茶道の集まりなど死刑囚同士のコミュニケーションの場がありました。現在では、そうしたことは一切認められていません（眞田、五〇頁・村野、一五六頁・佐藤友之『死刑の日本史』二一九頁）。

その背景にあるのは、一九五〇年代、再審請求（免田栄、平沢貞通、谷口繁義）が続き、また獄中訴訟（孫斗八、松下今朝敏）や死刑廃止法案の国会提出など、盛り上がりを見せた死刑廃止運動に対する権力の危機感（大塚公子『死刑執行人の苦悩』一九九五年、二〇三頁）でしょう。なお、免田栄被告に再審無罪の判決（一九八三年）以後、財田川事件、松山事件、島田事件の被告に再審無罪判決が出ました。

　ここでは、死刑制度によって、国家権力を維持しようとする強い意志を感じます。

　そのほか、事前に公表すると、執行を命じられた刑務官が休むとか、死刑囚が自殺をはかるとかが心配されているようです。

　冤罪を無くそう、死刑を無くそうという方向ではなく、冤罪を隠そう、死刑を隠そうという態度が感じられます。つまり、死刑制度の弱点や冤罪を認めると、国家権力の正当性が揺ぐと心配し、あくまで、国家には誤りがないと貫くことの方が冤罪被害者の命より大切であると考えられているようです。


　二〇〇五年一〇月時点では、収監中の死刑確定囚七四人の確定からの在監日数は平均八年三ヶ月でした。二〇二〇年一二月二七日現在、確定死刑囚一〇九人、平均収容期間一二年超。死刑が執行されないうちに、拘置所内で死亡する例もあります。

　社会の高齢化による重大犯罪者の高齢化、死刑確定者の高齢化、その結果、獄中死が増えています（事実上の終身刑）。二〇二〇年中の高齢病死者は三人（『朝日新聞』二〇二〇年一二月三〇日）でした。

　病死について、その実情を見ますと、健康保険が使えず、医療費は限られており、医師の待遇が良くないため、人数も不足しています。囚人を手厚く治療する必要は無いという世論もありましょう。

また、自殺もあります。執行前に病死あるいは自殺するということは、死刑を無効にすることであり、死刑の正当性を崩すことにならないでしょうか。

死刑は健全な者が執行されることになっています。精神に変調をきたしたものは執行されません。

麻原彰晃（松本智津夫）は東京高裁の控訴審で精神科医の鑑定を受けていますが、多くの精神科医・ジャーナリストから鑑定結果に疑問がもたれています。

情報公開は少しずつですが、増えています。

一九九八年一一月　中村正三郎法相　執行の事実と人数を公表
二〇〇七年一二月　鳩山邦夫法相　氏名の公表
二〇一〇年八月　千葉景子法相　刑場を報道機関に公開

刑務官の苦悩　死刑が殺人であることの現場

死刑囚本人の次に辛いのは執行する刑務官です。刑務官としての生涯において一二名の死刑執行に立ち会った髙橋良雄氏は死刑囚について次のように語っています。

「ある程度の安定した境地に立っている姿を見ていると、（中略）同じ人間としての共感とか、あるいは、彼らのほうが人間的にかなり高いものを持っていることに打たれちゃったですね」（眞田、五五頁）。

死刑執行は、憲法第一八条に抵触しそうな苦役です。国はこの苦役を強制しているのです。

憲法　第一八条「奴隷的拘束及び苦役からの自由」

何人も、いかなる奴隷的拘束も受けない。又、犯罪に因る処罰の場合を除いては、その意に反する苦役に服させられない。

法務省作成の『刑務官のしおり』の中、刑務官の職務は、「各地の刑務所、少年刑務所又は拘置所に勤務し、被収容者に対し、日常生活の指導、職業訓練指導、集会やクラブ活動の指導、悩みごとに対する助言指導などを行うとともに、施設の保安警備の任に当たります」とあり、死刑については触れられていません。ある日突然、「死刑囚の首に縄をかけろ」「踏板をお前が落とせ」と命ぜられるのです（村野薫編『日本の死刑』一九九〇年、一〇九頁）。

時代は少し古いですが、大塚公子『死刑執行人の苦悩』（一九八八年）は必読の書です。ある元拘置所長は退官して十年あまり経ついまも、狭心症と不眠症が持病。「とくに死刑問題について話をしたり、考えたりするといけません」、「医者からも死刑に関することを考えたり、会合に出席したり、その種の原稿執筆など、一切を禁じられている」と言います。

菊田幸一『死刑』（一九八八年、一〇八頁）に引用されているカール・B・レーダーの『死刑物語』には、日本のことではありませんが、「なんといっても、この恐ろしい職業を心底からこなし得た執行吏は一人もいなかった。注目すべきは、執行吏の多くは自殺していることである」とあります。

少し古いですが、一九五〇年代に宮城刑務所に務めた刑務官は、「執行の当日、死刑囚は『お迎えがきた』の一言で、血の気が引いて、引きつったようになる。二、三秒後気を取り直して落ち着く者、暴れ回る者、失心してしまう者に分けられる。一方、処刑に立ち会った刑務官は、夜は飯ものどを通らないし、寝ても夢の中に彼らの顔が出てきて、ハッと目がさめるとびっしょり汗をかいている。それが一人や二人ではない。（中略）そのうち、自分自身が死の悪霊にとりつかれているような不安にかりたてられはじめた。ついに退職を決意した。刑務官は精神的にも肉体的にも重労働を強いられている。刑務官の姿を、世間でもう少し認識してほしい」（以上要旨。原文は『週刊文春』一九六三年からの転載『伝統と現代』「総特集　死刑」七八号、一九八三年）と言っています。

また、大塚公子『死刑執行人の苦悩』（一九八八年、二五頁）では死刑執行の現場（一九八六年以前）の様子が描かれています。

所長・管理部長・総務部長・教育課長・保安課長・検察官・検察事務官・医官二名・教誨師二名が立ち会います（筆者註：裁判官はいないのでしょうか？）。目隠しをしたり、手錠をかけたりする保安課の刑務官二名・刑壇に待ちかまえている刑務官三名。

近年になって、踏み板をはずす手動式ハンドルが電動式押しボタンになり、三人から五人が同時に押し、誰のボタンがはたらいたかわからないようになりました。

刑務官の職務には「刑の執行にあたる」とは書かれているが、「死刑の執行」とは書かれていません。被収容者の改善更生に尽くそうと志して就職した若者に、突然、死刑の執行が命じられるのです。暴言を吐き、暴れる死刑囚は押さえつける。「人殺し」と叫ぶ死刑囚もいます。警備専門の刑務官が無理矢理制圧して連行すると、刑務官三人が足を縛り、ロープを首に架け、ボタン室の三人（三人から五人）がそれぞれ同時にボタンを押します。二つはダミー。ボタンが三つあるのは負担を軽くするためといいますが、死刑の回数の三倍の人数の刑務官に負担をかけることになり、その内の一人が押したことには違いがありません。誰も知らないだけです。暴れないで、素直に応じてほしいと願うのは当然でしょう。このような「生身の人間の首に縄をかける。執行後、所長以下役職者は逃げ出すように刑場を去る。その後、何人かの刑務官と、あらためて呼ばれた看病夫（懲役刑の受刑者の場合もあった）とで遺体の後始末をする」といった死刑執行時の様子について、『そして、死刑は執行された』の出版社である恒友出版には、宮城刑務所長からの「事実無根」という趣旨の抗議文が届いているそうですが、にわかには信じ難いです（『続　そして、死刑は執行された』一九九八年参照）。遺体の始末について、事実無根の嘘を言う必要があるでしょうか、考え難いです。ある教誨師は「自分は人殺しに加担した一味だ」（佐藤大介『死刑に直面する人たち』二〇一六年）と言ったそうです。兵士は身の危険を冒し、敵を倒して、讃えられるが、死刑執行人は身の危険は無いが、執行して、侮蔑される恐れがあります。従って、関わった事を公にできません。ただし、アメリカでは讃えられる場合もあります（一ノ瀬、五五頁）。死刑判決後、改悛して、安心立命の境地にある者も執行しなければなりません。

冤罪・誤判の可能性

「誤判や冤罪を死刑導入反対の根拠とすることは、死刑の本質とずれた議論であるとの指摘がよくされるが、そうではない。というのも、死刑は人間の傲慢さに直結する絶対性を要求する制度だからである。傲慢を最も大きな罪と考えるわたしたちキリスト者は、バベルの塔である死刑制度のレンガを新たに積むことはできない。しかし、日本の法務省はその傲慢な姿にしがみつく。戦後、冤罪無罪を再審や最高裁判決で勝ち取った案件が一〇件もあるのにもかかわらず、法務省は島田事件の再審無罪以後、一貫して冤罪の可能性を否定し続けている。なんと恐ろしい傲慢であろうか」と志村恵氏は述べています（「死刑がないという「幻」『宗教者が語る死刑廃止』一〇四頁）。

死刑事件ではありませんが、「起訴後に真犯人の発見された事例」という報告書があります。これは最高検刑事部が新刑法施行の一九四九年から一九五四年五月までに行なった極秘調査をまとめたものです。その存在は一九八三年に公然化し、関係者に衝撃を与えました。この報告書では五年五カ月間で四六件という数の冤罪事件があったとしています。しかし、これらの事件も、じっさいに真犯人が〝発見〟されなかったら、けっきょく誤判ということさえわからないまま〝決着〟していた可能性が大きいでしょう（村野薫『死刑はこうして執行される』二〇〇六年、四一頁）。死刑判決だけがこのような過ちを免れているとは考えられません。具体例では、一九四六年から二〇〇九年までの死刑確定事件が七九八件、その内、死刑確定後、裁判所が正式に冤罪と認めた事件が四件、日弁連人権擁護委員会の再審請求支援事件及び恩赦釈放出願支援事件が六件です。八〇〇分の一〇、つまり八〇分の一となります。森炎氏は「日本では、裁判所が正しく救済してくれるとは思わないほうがよい」（『司法殺人』一二〇頁）と言います

国家権力・官僚機構の「無謬性」という信念が、冤罪の大きな原因の一つでしょう。最近の政界の動きを見てもわかるように、政府は過ちを認めようとしないで、何とか取り繕ってやり過ごそうとします。「政府や大企業、官僚組織についてしばしば指摘される問題に『無謬性の原則』があります。政策や事業の実施責任者は失敗したときのことを考えたり議論したりしてはいけない」（日比野敏陽「プリズム―東から― 無理筋な話」『京都新聞』二〇二〇年九月二六日）と指摘されていますが、冤罪にもそのような要因が絡んでいるでありましょう。「裁判官は

国家機関として意思活動を行うから、自分の判断であっても、もしかしたら違うと考えて行動することができない。いったん出した判断は司法権の行使にほかならず、それはもはや個人の判断ではなく、国家意思の表明である。だから、判断した自分もそれを疑うことができなくなる」（森炎『司法殺人』一八〇頁）ともいいます。

そうしたことを考えると、「真っ白ではなくとも無罪にしてよいし、しなければならない。（中略）疑わしきは罰せず（中略）消極無罪」（『司法殺人』二六二頁）が妥当だと思われます。「裁判の目的は、真実をとらえることではない」（同、二六六頁。拙文一一頁参照）ということでしょう。

個々の事例を挙げれば、努力によって冤罪を防ぐ可能性はありますが、人間の行為一般を考えた時、冤罪（誤判）の可能性をゼロにすることはできません。

「少々の誤判があっても構わないという人はいても、誤判の可能性そのものを否定することは誰にもできないはずです」（団藤、九六頁）。

「少々の誤判があっても構わない」という考えは、「死刑制度が国家を守るためにある」という思想であり、国家のためには、国民の一人や二人の命は犠牲にしても仕方がないということではないでしょうか。守るのは国家権力の無謬性、死刑制度の信頼性であり、国民の命、人権ではないのです。

反対に、冤罪を減らそうとすれば、真犯人を取り逃がす可能性も高まります。犯人が明白な事件は少ないからです（小坂井敏晶『人が人を裁くということ』二〇一一年、六三頁）。

「冤罪件数は想像以上に多い。誤審が生ずる仕組みを知ると、冤罪が起きない方がおかしい」（小坂井、一三四頁）。「日本では、冤罪を解明する制度や人材が比較的少ない。だから、冤罪事件がなかなか発見されない」（デイビッド・T・ジョンソン『アメリカ人のみた日本の死刑』二〇一九年、九四頁）。冤罪はあまり表に出てきませんが、だからといって存在しないわけではありません。

冤罪、特に虚偽の自白を見抜く力を裁判官はじめ、司法関係者が養う必要があります。真犯人の虚偽の証言には厳しく追及するが、犯人ではない者の虚偽の自白には、疑おうとしません。司法試験にも採り入れる必要がありましょう（浜田寿美男『「自白」はつくられる　冤罪事件に出会った心理学者』二〇一七年、『名張毒ぶどう酒事件自白の罠を解く』二〇一六年）。

さまざまな冤罪

冤罪とは一種類ではありません。さまざまな理由により冤罪が発生します。

①単純な捜査ミス、証拠物件の見誤り

例えば、財田川事件（巻末「重大事件の概要」参照）の例で、「被害者方軒下に氏名の書いてあるリュックサックが遺留されていたとされているが、氏名の者の調書も提出されず」「被害者方母屋西南隅前に残された足跡があったが、犯行現場に残された血痕足跡との関係が検討されていない」「三〇カ所以上にものぼる傷害状況などから、怨恨による殺傷事件と推理されるが、単純に強盗殺人と断じて捜査されている」と指摘されています。本件について、北山六郎弁護士は「動かしがたい物的証拠に対する徹底した科学的検討を二の次とし、曖昧な噂を集め、見込みや予断によって容疑者を特定し自白獲得に邁進した」と言います（『法学セミナー』増刊「日本の冤罪」一九八三年）。

免田事件（当初は白福事件と呼ばれた）では、「聞き込みと手配犯人に似ている」というだけで、警察官五人が就寝中の免田を起こして、警察へ連行し、白福事件当時の動向を尋問しています。この時、免田の口から玄米窃盗事件が出てきたので、警察はこの窃盗事件で緊急逮捕手続きをとっています（白福事件の容疑が見当たらないから）。しかし、彼にはアリ

バイがありました。事件当日の一二月二九日には、彼は丸駒という特殊飲食店に登楼し、石村文子が相手をしました。第五回公判（一九四九年六月二三日）では石村が出廷し、彼の宿泊は二九日であったから、彼は犯人ではないと証言しました。ところが、第一一回公判（一九五〇年三月）で死刑となりました。判決文には石村の供述はなく、有罪確定判決に対して、免田は三〇年間に六回の再審請求をしました。第三次再審請求で、免田が獄中で作成した事件顛末書に目を止めた裁判所は、アリバイにつき、検察庁から不提出記録を取り寄せ、職権で証人調べをするなど、詳細に免田の足取りを追い、事件当夜（一二月二九日）の丸駒宿泊を論証し、再審開始に踏み切りました。しかし、福岡高等裁判所は「再審請求を受けた裁判所に許されている事実調べの範囲を逸脱するものであり、又徒に裁判の安定性を害し、司法制度の存立を危うくするものである」として取り消し、請求を棄却しました。この裁判の弁護人である倉田哲治弁護士は「裁判の安定性と司法制度存立のためならば人一人の生命など眼中にないといわんばかりである」と憤慨しています。最高裁判所も福岡高裁の見解を支持して、特別抗告を棄却しました。しかし、一九八〇年の第六次再審請求により最高裁で再審が確定し、一九八三年、自白の強要やアリバイ成立などを理由に無罪の判決を言い渡しました。

倉田哲治弁護士の論を要約すると、「捜査段階のアリバイ崩し」「再審での証拠隠滅」「取調官の公判廷での偽証」等、冤罪事件の共通パターンがあらわれているということになります。

また、遺伝子鑑定の例では、一九九〇年の足利事件で、最高裁まで争った末に無期懲役となり、服役した菅家さんが、ＤＮＡ型再鑑定で遺留物と本人のものとが一致しないことが判明し、直ちに釈放されました。宇都宮地裁は「当時のＤＮＡ鑑定に証拠能力は無く、自白も虚偽である」と無罪を言い渡しました。

目撃証言については、社会心理学者である小坂井敏晶氏の『人が人を裁くということ』（二〇一一年、一〇八頁以下）に詳しく述べられています。「目撃証言は、想像以上に正確さを欠く。米国で一九八九年から二〇〇七年までに冤罪が晴れた元死刑囚のうち、最初の二〇〇人を対象に冤罪原因を検証した研究によると、七九％（一五八人）において目撃証言があった。つまり、死刑冤罪者の八割近くが真犯人と取り違えられたのである。（中略）捜査の初期段階で作り上げられた犯罪仮説を、警察官や検察官は信じ続ける傾向がある。こいつが犯人に違いないと思い込むと、自白を得るために捜査官は全力を挙げる。公平中立に被疑者の言い分を聞いてなどいられない。精神的に痛めつけなければ自白しないからだ。仮説に合致する証拠や手がかりに注目する一方で、それに反するデータは軽視あるいは無視される。（中略）鑑識結果も犯罪仮説に左右される。科学分析といえども、明白な結果が必ず出るとは限らない。

データが曖昧な場合は、仮設に合致する方向に歪曲されて解釈されやすい。以上の歪曲プロセスは、捜査に限らず、人間の情報処理に共通する基本原理だ。（中略）重大な犯罪では被害関係者やマスメディアからの圧力が強い。警察官や検察官は威信にかけて迅速な犯罪解明に努める。（中略）特に凶悪犯罪の場合、捜査官も感情的になりやすい。悪を憎み、被害者に感情移入する。するとさらに認知バイアスの虜になり、冤罪を生む危険が増加する。（中略）無実の者が自分の記憶を捏造する場合もある（以下略）」。

②虚偽自白・自白の強要

強圧的な取り調べは拷問ではないとされていますが、肉体的暴力を伴わない精神的拷問と言えないでしょうか。

日本国憲法　第三六条　公務員による拷問及び残虐な刑罰は、絶対にこれを禁ずる。

拷問とは、『広辞苑』よると「肉体に苦痛を加えて自白を強いること」、神田将『図解による憲法のしくみ』（二〇一九年）によると「被疑者や被告人から自白を得るために肉体的・生理的苦痛を与えること」となっています。肉体的ではない「生理的苦痛」とは何でしょうか。

日本国憲法　第三八条

② 何人も、自己に不利益な供述を強要されない。

強制、拷問若しくは脅迫による自白又は不当に長く抑留し若しくは拘禁された後の自白は、これを証拠とすることができない。

③ 何人も、自己に不利益な唯一の証拠が本人の自白である場合には、有罪とされ、又は刑罰を科せられない。

何が拷問であるかを最高裁が判断すべきではないでしょうか。

「警察の取り調べはどんなにきびしいか、とても口では説明できない（中略）連日連夜にわたる取り調べから逃れたかった。自白すれば裁判で不利になるのはわかっていたけど、先のことなんか考えている余裕はなかった」、「少なくとも二十三日間、警察の留置場に拘禁され、来る日も来る日も早朝から深夜まで、たった一人で取り調べられる」（佐藤友之『死刑と宗教』二〇〇二年、一二頁）といいます。

長時間堅い椅子に座らせ、周りを取り調べ官が囲み、「自白しろ」と強要する。自白するまで解放しない。自白すればすぐに解放すると脅すのは、直接の暴力ではなくても、精神的苦痛の最たるものです。これで、真犯人が自白する場合は、納得がいきますが、犯人でなくても、孤立無援のなかで責められれば、自由になりたいという思いで、虚偽自白をすることも十分ありうるでしょう。

先日（二〇二三年二月）のテレビ番組で、かつて取り調べに当たった当事者の発言がありました。「今は、こんな事はない」と力説していましたが、それなら、弁護士の同席を認めず、何日も拘束して、何をしているのでしょうか。

本当にやっていないなら犯罪を自白するはずがないという常識は迷信にすぎないと小坂井敏晶氏は言います（『人が人を裁くということ』二〇一一年、六四頁）。裁判官の多くも、その迷信者らしい（浜田寿美男『「自白」はつくられる』二〇一七年、七〇頁）。自白の強要については、小坂井（七五頁以下）、浜田寿美男『もう一つの「帝銀事件」』（一三一頁以下）に恐ろしい話が述べられています。

取り調べ官は正義感に燃えており、犯人と信じ込んでいる（小坂井、一〇二頁）。真犯人ではないものは、死刑の恐ろしさに現実感がないため、真犯人よりも自白しやすい。「虚偽自白とは、簡単にいえば、取調官が無実の被疑者を犯人だと思い込んで厳しく追及するなかで、被疑者がそれに耐えられなくなって自白に落ち、自分が犯人だったならばどうしただろうかと自ら想像し、証拠を握った取調官の追及にあわせて『犯人を演じる』もの」といいます。（浜田『「自白」はつくられる』一二五頁）。

「虚偽自白とは、拷問の苦痛にさらされて一瞬だけ口を割るというようなものではない。自分のことを犯人だと思い込み、決めつける取調官たちに囲まれ、その関係を強いられるなかで、やがて自らが犯人であることを引き受け、犯人に扮する。取調官たちとのあいだに、いわば『自白的関係』を結び、そこにはまり込んでしまうのである」（浜田『「自白」はつくられる』一九八頁）。そこでは、取り調べ官の誘導に合わせて、知らない事実を、あたかも自白のように語るのであり、被疑者と取調官との合作であります。

特殊な環境に置かれると、自分で自分の記憶が怪しくなり、捜査官の言うなりになります。（小坂井、一二三頁）。当たり前のことですが、虚偽自白をする者は、日本の裁判制度を詳しく知らないため、今、苦し紛れに虚偽自白しても、裁判官は本当の事を見抜いて、無罪としてくれるであろうと期待します（上記三審制参照）。現実は検察の言うなりで、聞き入れられません。裁判官達は取り調べの現場をどの程度理解しているでしょうか、疑問です。

死刑事件ではありませんが、滋賀県湖東記念病院の元看護助手が殺人罪で懲役一二年の判決を受け、服役した後、再審で無罪判決（確定）を受けました。再審の判決では、そもそも殺人事件が存在せず、軽度の知的障害のある被告の徳性や捜査員への恋愛感情を利用した取り調べの中で、虚偽の自白が生まれた可能性が高いと、不当な捜査を認定しました。しかし、県警・地検は謝罪していません（『京都新聞』二〇二〇年五月二一日）。ということは、冤罪を防ごうという姿勢がないことを示しています。

遠山大輔弁護士の「黙秘権の大切さ」という小論が『京都新聞』（「現代の言葉」二〇一九年九月二七日夕刊）に掲載されました。内容は黙秘の勧めです。警察に捕まり、弁護士のいない孤独の中で、取り調べを受ける。自分は記憶に自信があっても、過去の記憶は大なり小なり、曖昧な点がある。一週間前の晩ご飯も覚えていないわれわれが、スマホも手帳もない中で、何か答えて、違っていたら、そこを衝かれて、「なぜ、嘘をつくのか」と疑われ、さらに追及される。黙秘さえすれば、優秀な警察が客観的証拠を集めて、犯人でないことを明らかにしてくれる。十分な体勢を整えてから、取り調べに応じるべきである、等々。

筆者は、加齢とともに、記憶力の衰えを自覚するようになりました。そこを衝かれれば、曖昧な返事となるでしょう。人ごとではありません。

③捜査関係者によるでっち上げ、思い込み、証拠の偽造

これは、捜査官個人の問題以上に、組織的過ちであります。

袴田事件では、捜査側に証拠偽造が疑われています。犯人を取り逃がしたり、見つけられないことを糊塗するため、あるいは、手柄を立てたいという欲、世論の沈静化をはかるためなど、悪意とまでは言えないけれども、危ないやりかたです。②で見たように、殺人事件の必然性がないのに、取調官は事件をでっちあげています。世論（含マスコミ）が解決を求めて焦ることも背景にあります。冤罪で罪を着せられる者のなかには、平生から素行が悪く、周囲から、彼／彼女ならやりそうだと思われている者、取り調べる側からは、どうせ善良な人間ではないから、無実の罪を着せられても、仕方がない人間だと見下すなどの背景が想像されます。帝銀事件では、平沢死刑囚が、帝銀事件とは関係のない預金通帳改竄事件を起こしており、それを本人が自白して以来、捜査官は、帝銀事件についても無関係という予想をひっくり返し、犯人であるという確信へと態度を変えて、取り調べを進めました。

オウムの松本サリン事件に関して、弁護士の中村裕二氏は「犯人と誤解されたＫＹ氏の代理人弁護士が、警察に対し、『押収した化学薬品でサリンは製造できない』と説明しても、長野県警の幹部は聞く耳を持たなかった。ある幹部が捜査にあたる現場の警察官にたいし、『ＫＹが犯人でないと思う者はこの部屋から出て行け』と言ったという話も漏れ伝わっている。（中略）また、警察幹部は、何よりも警察組織のメンツを重んじたため、一刻も早くＫＹ氏を犯人に仕立て上げることに血道を上げ、オウムが完全に捜査対象から外れてしまった。

（中略）マスコミは、警察発表を鵜呑みにして、松本サリン事件で被疑者扱いを受けたＫＹ氏について、冤罪報道を続けてしまった責任を今でも痛感しているのであろうか」（『中外日報』二〇二〇年九月二五日）と述べています。

④裁判官の多忙、偏見（狭山事件）や能力不足、検察との役割分担

特に第二次大戦終了直後の混乱期は犯罪が激増し、これに対応することができなかったため、粗漏の判決が出るなど残念な処理がなされていたようです（団藤、五三頁）。裁判官は法律解釈の専門家ではあっても、事実認定そのものに長《た》けているとは限りません。事実認定は司法試験の試験科目ではありません（小坂井、一三三頁）。

現在も、多忙であることは特に、重要な冤罪の原因ではないでしょうか。

裁判官の多忙については、森炎『司法殺人』（二〇一二年）に、裁判官の日常について、具体的な記述があります。法廷のない日には、午前中は勾留の裁判（被疑者を引き続き身柄拘束するかどうかを決める手続）があり、その際は、一人分で一センチほどの厚みのある資料を事前に読み、一回当たりだいたい二〇名を担当します。勾留の可否を決定するために被疑者に尋問をしても、なかには精神障害を持つ人もいて、何を聞いても意味のある答えが返っ

てこないこともあるといいます。昼食は売店の弁当かパン。午後は本来の裁判の記録を読み、判決を起案します。合間に弁護人からの保釈申請、検察官からの拘留延長請求などが入ります。休日には令状の処理。裁判官には法制上の「休日」は認められていないので、自宅（官舎）にいても、逮捕状や捜索令状が追いかけてくる。こうして、ほとんどの裁判官は、自転車操業状態で前だけを見て進んでいるそうです。

裁判官には慎重に書類を読む余裕がないようです。今後、少子化が進むと、人手不足で、一層、杜撰な処理が行われる恐れがあります。起訴された犯罪の九九％は有罪となります（裁判員裁判が始まる以前）。そこで、検察の主張を退け、裁判官が敢えて無罪の判決を出すのは、相当の準備と勇気が必要になります。事実上、有罪を決めているのは検察であり、検察段階で、理由はさまざまですが、起訴されない犯罪も多くあります。冤罪になりそうな恐れがあるものは、起訴されない場合もあるでしょう。従って、裁判官は、冤罪の恐れなど心配する必要はなく、有罪を前提に刑の軽重を決めていると思われます。

⑤犯罪の内容の調査・理解不足

容疑者が殺人は認めているが、放火は認めていない場合や、共謀か単独か、指示したかしなかったかなどについては、客観的証拠がありません。単純に助かりたいと再審請求をする者ばかりではありません。事実認定に誤りがあるから、正して欲しいというのもあります（眞田、一一四頁）。過失か故意の殺人か曖昧な場合もあります（浜田、一二九頁）。

⑥無限大に捜査費用をかけられないが、犯人は逮捕したい

限られた人員で多くの事件を処理しなければならないために、無理な捜査をする。反対に、費用対効果がよくない事件を無理に捜査して、冤罪を招くより、捜査をほどほどにして、迷宮入りにしたほうが、誰も責任を問われないという場合もあるらしいです。

⑦容疑者の対応能力の不足

捜査官は百戦錬磨の専門家であり、多くの容疑者は全くの素人です。慣れない環境で、専門家に取り囲まれて追及されれば、思っていることを十分に表現できるとはかぎりません。参考資料の一例ですが、二〇一五年の新受刑者の学歴は、中卒が三八・五％、高卒が二七・〇％、大卒が五・五％となっています。これらの人々は、弁護士の助けなしで、十分な自己

主張ができるとは思えません。福祉的なニーズがあるにもかかわらず、必要な対応が行われないために、捜査官に都合の良い供述をしてしまう場合があるのではないでしょうか。

明白な冤罪でなくても、密室で事件があった場合、あるいは、事件が複雑で、厳密に犯人を特定できない場合、推定するほかありません。どうしても主観が混じります。共犯事件や組織犯罪などで主従関係が明確でなかったりすると、他被告とのずれを重い方に合わせてしまうのです（村野、二四〇頁）。福岡事件（一九四七年）では、殺人事件の現場にいなかった無実を叫ぶ一人が「共同共謀正犯」と認定され死刑になりました。もう一人は正当防衛を主張したが死刑判決となり、一九七五年恩赦により無期懲役に減刑、一九八九年仮釈放で出所（四二年後、七二歳）しました（佐藤友之『死刑と宗教』二〇〇二年、六五頁以下）。

警察・検察の捜査には限界があります。他の犯罪の捜査との兼ね合いなどがあり、限られた予算と人員を一事件に投入することはできません。世論は、早く犯人を特定せよと迫る。未解決のまま放置するより、少々、不確かでも、容疑者を決めて、逮捕、裁判にかけたほうが、世論はおさまる。捜査当局への批判も静まる。これは、世論、一般人も加担した冤罪の可能性です。

死刑執行後、冤罪であったことが発覚しても、取り返しがつきません。関係者（捜査員・

検察官・裁判官）が処罰されたり、責任を取ったりしません。「司法とは、つねに自らが『犯罪』を犯すかもしれないという瀬戸際に立った、真剣勝負の場なのである」（一ノ瀬、五〇頁）という認識が必要です。

根本は、関係者が絶対に冤罪を起こしていない、国家は過ちを犯さないという確信（迷信？）を墨守していることでしょう。さらに推測を進めれば、過ちを犯したという批判を浴びるより、無実の民を有罪にすることのほうが、国家のためになるということでしょう。個人の人権より、国家の威信のほうが大事だということになります。逆に言えば、国家は少しの過ちでも傷つき揺らぐということであり、自信のなさを示すことにもなります。人間は過ちを犯すものだ、過ちを犯しても正直に認めれば、受け容れられるという人間観がないという意味で、日本社会の宗教性にも関係があります。「つみびと、罪悪深重の凡夫」という人間観が表面的に理解され、わが身の問題になっていないのでしょう。

冤罪は真犯人を取り逃がすことでもあります。これも被害者から見れば、重大な問題です。

代替策としての無期刑・終身刑

先ず、代替案が必要かどうかが問題です。菊田幸一氏は、死刑廃止論の立場から、代替案を提示する必要はないと言います（菊田幸一『死刑　その虚構と不条理』一九八八年）。死刑の代替案があるということは、代替すなわち次善の策ということで、死刑の意義を認めることになるでしょう。従って、廃止論からは、死刑のない刑罰体系を考えることになります。当然、無期懲役のような重罰も再検討して、制度化されるでありましょうが、それは代替ではなく、死刑がない中での、整合性のある刑罰となるでしょう。例えば、ノルウェイには死刑制度がなく、重罰では禁錮二一年が最長です。加害者と被害者を分断するのではなく、宥和を目指すという姿勢が国民に共有されています（遠山大輔「現代のことば」『京都新聞』二〇二一年一月一三日夕刊）。死刑廃止論にとって、重要な指摘であります。

上記の菊田氏の廃止論を別にして、一般的に、代替案、あるいは死刑制度がない場合の最重罰刑を考えると次のようになるでしょう。

藤本哲也氏は、代替刑として、種々の終身刑を解説されています（一三〇頁）。第一に考えられるのは絶対的無期刑（いわゆる終身刑）であるが、これについては、釈放の希望のない終身刑は絶望感を懐かせる残酷な刑であるとか、受刑者を自暴自棄にして、刑務所内の秩序維持の面から問題がある等述べられています。美達大和『死刑絶対肯定論』（二〇一〇年、一四一頁以下）には、現行の無期懲役受刑者の様子から、終身刑受刑者を推定して、「社会に出る可能性がない終身刑の受刑者は、自暴自棄になることが必至です」、『『もう何をしようとこれ以上悪くならない』と好き放題にし、中には職員に危害を加えたり、逃走を企図する者が出てくるのは必至です」等述べられています。

現状では、終身刑ではなく、無期刑ですが、国の機関が仮釈放を許可しないと、終身服役となります。二〇一一年二月二一日にNHK総合TVで「日本一長く服役した男　塀の中に〝61年〟無期懲役の現実とは」が放映されました。何度か仮釈放を申請したが、引受人がいない等の理由で却下されているのです。遂にある施設が引き受けを申し出て、仮釈放されました。そこでは、長期の拘禁状態で、命令されないと行動できない等の症状があり、精神的に不安定になっており、さらに認知症もあり、施設の生活になかなか、なじめない様子でした。刑務所の生活のほうがいいとの発言もありました。

仮釈放を許可されない受刑者と、いわゆる終身刑とは違うと言えば違いますが、ある程度、類推することはできるのではないでしょうか。「受刑者を自暴自棄にして、刑務所内の秩序維持に問題」になるかどうかは一律に決められません。アメリカの例ですが、「入所後、数年経つと時間と場所に適合し、善良なる受刑者となる。むしろ問題なのは短期受刑者である」（仮釈放のない終身刑受刑者を収容しているミシガン矯正局のレオ・ラロンデ氏）とあり、新しい発想で、教育することとも考えられます。

無期囚が一〇年で出所できることはまずありえません。実際の仮出獄は平均で二一年五ヶ月、四五年以上服役の受刑者もいます（村野、一〇五頁）。さらに、京都新聞の記事「法務省がまとめた二〇一〇～一九年の統計」によると、「新たに無期刑で刑務所に収容された受刑者は二〇一〇年の五〇人から減少し、二〇一四年以降は三〇人未満となり、二〇一九年は前年より九人少ない一六人だった。一方、仮釈放を許可された受刑者（仮釈放を取り消され、再び仮釈放された人を除く）は二〇一八年まで三～九人と一桁が続いたが、一九年は前年の二倍を超える一六人に増えた。この一六人の平均服役期間は三六年に及んだ。それぞれ六一年（上述）と五六年一カ月服役した受刑者がいたため、平均を押し上げたとみられる。それ以前は三一年二カ月～三五年三ヶ月で推移していた。一〇～一九年に獄中で死亡し、結果的に終身刑となった受刑者は一四～三〇人。仮釈放された人数を下回る年はなく、一〇年〔間〕の合計も仮釈放七七人に対し、三倍近い二二七人に上っている」（二〇二一年二月二八日）とあります。現状のまま、終身刑を導入すれば問題もおこるでしょうが、データに基づいて、終身刑の賛否を論じていただきたいです。

もう一つの課題は、矯正施設内の環境です。現在の施設のように狭い窮屈な部屋に閉じ込めるだけが矯正施設ではないでしょう。北欧の国には、保養所と見間違える設備の所もあると聞きます（「ドキュランドへようこそ　世界一豪華な刑務所の内側　ノルウェー　ハルデン刑務所」NHK　Eテレ　二〇二一年二月一九日放送）。

そもそも、悪い事をした人間を反省させ、立派な人間に生まれ変わらせようとするのに、今のような施設が相応しいかどうかです。応報刑として、ある期間、苦しみを与えることには意味があるでしょうが、教育刑として、人間を育てるには、それに相応しい環境が必要ではないでしょうか。私立の学校が教育環境を良くして、在校生や志願者の評判を高めようと努力していることを思うと、通常の学生・生徒以上に教育の難しい犯罪者の改善更生を図るためには、施設の環境も大いに検討の余地があるでしょう。

なお、美達大和『死刑絶対肯定論』には、刑務所内の様子が詳しく、冷静に記述されています。受刑者の利己的な思考や態度から、安易な人権論を否定する終身刑への具体的な反論があります。ＬＢ級（再犯・重罪）施設では「職員の数が少ない、教化改善の教育時間が不十分、矯正のために適したプログラムがない」等が指摘されています。矯正教育への根本的問題提起でしょう。

インドの仏典『ラトナーヴァリー』によれば、「また、かれらが拘留されている間は、牢獄を楽しいものとし、理髪師・浴場・飲食物・薬・衣類を備えつけておくべし」「処罰をなすときには、あたかも値打ちのない息子たちを値打ちあるものにしようと願って処罰を加えるように、慈悲をもって行うべきであって、決して憎しみによってなすべきでなく、また罪を欲してなすべきでない」（世界古典文学全集仏典Ⅰ、一九六六年、三六四頁）という思想がかつてのインドにはあったことがわかります。

被害者支援

死刑制度に対処する場合に重要な課題は、被害者支援であります。本来別の課題ですが、被害者支援が不十分であることと、死刑制度の存続は心理的には関連があります。三〇年前頃までは、日本の司法は、加害者の取り調べと処罰だけが関心の中心であり、被害者のことはなおざりにされていました。被害者は加害者の裁判に利用されるだけでした。「刑事司法は、公の秩序維持のために行われるものであり、犯罪被害者の受ける利益は反射的な利益に過ぎず、法律上保護される利益は認められない」(一九九〇年二月二〇日最高裁判決)。
事件の処理は死刑でこと足りるとなり、被害者支援が疎かになっていたことが想像されます。支援不足を死刑で補うようなことにならないよう、支援はしっかり進めるべきでありましょう。その後、関係者の運動もあり、裁判の場に被害者が参加できるようになったり、被害者への補償金が支給されるようになったり、十分ではないでしょうが、救済の対象になってきました。

一九八〇年　犯罪被害者等給付金支給法(犯給法)
　警察が窓口　警察に被害者センター　警察官の増員
二〇〇〇年一月　全国犯罪被害者の会　設立総会
　五月　犯罪被害者等の権利利益の保護を図るための刑事手続に付随する措置に関する法律
二〇〇四年一二月　犯罪被害者等基本法　第三条「すべて犯罪被害者等は、個人の尊厳が重んぜられ、その尊厳にふさわしい処遇を保障される権利を有する」

被害者支援を国や自治体の責務とした。

二〇〇七年　裁判に「被害者参加制度」（傍聴席から柵を越えて、検察官の横に座る）

「損害賠償命令制度」

従来は、加害者が施設の中で、国費で病気や怪我の治療を受ける一方、被害者は自費で治療せざるを得ませんでした。損害賠償命令制度とは、犯罪被害者が加害者からスムーズに損害賠償を受けられるように設けられた制度です。

犯罪被害者に対する社会の連帯感

「社会は被害者を助け、苦しみを分かち合う道徳的・法理的義務があるのである。この被害者との連帯の意義は、死刑の存置によってかえって希薄になり、死刑廃止によってこそ強化されるのではないか」（金澤文雄「死刑廃止を望む」JCCD五八号、一九九一年）。「犯人を死刑にすればそれで済んでしまうという考えは、被害者（の遺族）の苦しみや心の痛みを十分に汲み取っているとは決して言えないと思います」（団藤、八八頁）。

二〇〇八年には、オウム真理教犯罪被害者救済法が成立しました。

二〇一九年度の調査によると、自治体の犯罪被害者等支援条例等で見舞金を支給する制度がある全国三〇〇の自治体の内、二〇一九年度に制度を活用せず、支給がなかった自治体は少なくとも一二六あります。一七―一九年度で一回でも支給があったのは五四自治体のみでした（『京都新聞』二〇二二年一月二八日）。

加害者を非難する声は大きいですが、被害者を支援しようとする意欲は個人・自治体でまことに乏しいことがわかります。

イギリスでは死刑を廃止するにあたって真っ先に、公的保償制度を設けました。被害者を経済的、精神的にサポートする体制を整えたのです。

一九四九年、無実の人が行方不明の妻子を殺したとして、処刑されました。その直後、妻子は外国から帰国しました。この事件を契機に、死刑廃止論が噴出。一九五五年以降、死刑は無期に減刑されるようになりました。一九六四年八月、被害者を国で救済する制度を整え、同一一月戦時反逆罪を除いて死刑を廃止する法案（五年間の時限立法）が可決、一九六九年、死刑永久廃止法が成立。当時のウィルソン内閣は「死刑はなくとも法秩序は維持できる」と、法案を提出し、両院で認められました（佐藤友之、一六六頁）。

宗教界も教誨活動という加害者への対応とともに、被害者やその家族支援に力を入れなければ、死刑反対論は説得力が得られないでしょう。

和解

死刑廃止は、被害者遺族が納得するものでなければ、たとえ実現したとしても、さまざまの傷を残すことになります。

「心や身体に傷を受け、生命までも奪われた被害者やその家族が、憎んでも憎んでも余りある加害者と和解し、赦す――そんなことは宗教の世界だけのこと、文学などの作り話の世界のことでしかない。（中略）ところが、そんなことは決してありません。今日の刑事司法の世界では、特に少年司法の場で『修復的司法』という新しい司法のうねりが見られるのです」（眞田、二〇一頁）。

修復的司法の場合、「誰がその行為によって傷ついたか」「傷ついた結果の修復のためには何が必要なのか」「それは誰の義務であり、誰の責任なのか」「この事件における利害関係者は誰なのか」「事件解決に向かって利害関係者が関与できる手続きはどのようなものか」といったことが中心的問題となります。ここでは、加害者の処罰が第一義的な目的ではありません。被害者と加害者（その家族を含む）、さらには事件に関わる人びとが一つのテーブルに会し、（中略）加害者に対しては反省・謝罪と社会復帰、被害者には損害回復と被害者感情の癒し、コミュニティに対しては秩序の回復・維持などが中心的に話し合われます（眞田、二〇一三頁）。

実例として、犯罪被害者・加害者対話センター（兵庫県弁護士会）などがあります。

上に述べた修復的司法を真っ向から否定する意見が、『死刑賛成弁護士』（犯罪被害者支援弁護士フォーラム、二〇二〇年七月）に述べられています。刑は応報刑のみで、矯正の可能性のない加害者は、死刑しかないと主張します。確かに、そのようなことが当てはまるように見える死刑囚も存在するでありましょう。しかし、死刑以外に、終身刑をはじめ、方法があるかないか、十分な検討がなされたとは思えません。死刑制度があるから、それ以上思考が進まないのです。「被害者遺族は、死刑執行によって、新たな人生を歩むことができる」と言いますが、それでも亡くなった人は生き返らないのだから、一つの区切りではあっても、万事解決することでもありません。

オウム真理教松本サリン事件の一被害者のように、被害者遺族が恨みを抱えるだけで一生を終わってよいのかという反省から、立ち直った例もあります。被害者（遺族等）が加害者を赦すことによって、加害者が心を開くことができ、過ちを認めることができるようになることもあります。被害者があくまで懲罰にこだわると、加害者は自己を守ることに汲々として、罪を認めることができないし、逆に被害者に責任を転嫁することもありえます。殺人事件ではありませんが、政財界の有力者が、職務上の過ちを犯したとして起訴されたとき、裁判で自分の身や会社を守るため、あくまで責任がないと言い張り、被害者の心を二重に傷つける例が報道されることからも、理解されるでありましょう。

「殺した加害者が懺悔《さんげ》し、贖罪《しょくざい》すれば、罪なくして殺された被害者の親族達の心は癒されるのでしょうか。なんの罪もないのに、愛する人を殺された者は、その殺害者を怨み、怒り、悲しみ、泣き叫び、自分の手で殺してやりたいという報復の気持ちにかられるのではないでしょうか。しかし、殺した相手を殺すことで、本当に自分の心は癒されるのでしょうか。報復することで、殺された人、そしてその家族の無念はすべて消え去るのでしょうか。報復することで、過去は消失し、明るい未来の到達は保証されるのでしょうか」（眞田、一七六頁）。

菊地寛『恩讐の彼方に』（一九一九年）は創作ですが、和解の難しさとともに、それでも、実践を通じて、彼方に、和解の可能性があることを示唆しているのではないでしょうか（眞田、一七七頁以下に粗筋があります）。

伝統的日本仏教で、儀礼に採り入れられている「三帰依文」（仏と法と僧に帰依を述べる文）の末尾に、「願わくは此の功徳を以て　普く一切に及ぼし　我等と衆生と　皆共に仏道を成ぜん」とあります。眞田氏は「我等と衆生と　皆共に仏道を成ぜん。」と祈るとき、自分だけは、自分の家族だけが、自分の好きな人だけが救われますようにと、祈っているでしょうかと言われます。浄土真宗で多く用いる廻向文（儀式の締めくくりの句）には、「願わくは此の功徳を以て、平等に一切に施し、同じく菩提心を発こし、安楽国（極楽浄土）に往生せん」とあります。当面、犯罪被害者はこのような言葉を唱える気にはならないかもしれません。しかし、仏教徒であれば、いずれ受け容れるようになる人もいるでしょう。

償いとしての臓器提供

一九九八年に死刑が執行された津田暎《あきら》は一九九一年の死刑確定後、「私はこの七年間、一本の煙草も喫っていません。一滴の酒も飲んでいません。適度の運動をし、規則正しい生活をしてきました。つまり、多分とても綺麗で、健康な内臓をもっています。私は凶悪な犯罪を起こし、社会に大きな迷惑をかけてしまいました。（中略）もし私の死によって、私の臓器を役立てることができるのであれば、ぜひそうして欲しいのです」と臓器提供の意思を表明しました。日本の臓器移植法は一九九七年です。生前、健康体であり、臓器受容者の選定や待機にも都合のいい提供者としての死刑囚の利点は津田暎の言うとおりです。しかし、死刑執行の日時や場所を事前に公表しない現在の法務省の秘密主義では、その実現は難しいでしょう。

なお、脳死移植ではありませんが、アイバンク、腎臓バンクの登録や献体の遺志をのこす死刑囚は少なくないといいます。

中国や台湾では、全身麻酔のもと、頭部銃殺など臓器移植を前提とした処刑制度に変更されているそうです。ここでは、死刑囚は〝生きた臓器バンク〟であると言われています（村野、二四三頁以下）。

第三章　宗教倫理からみた死刑制度

日本の刑罰と宗教の歴史

以下では主として繁田真爾『「悪」と統治の日本近代』（二〇一九年）を参考としながら、宗教と刑罰制度がどのように関係してきたのか、日本の歴史を振り返ります。

まず前提として、現代日本の教誨師とは矯正施設である刑務所・拘置所・少年院等に収容されている人々に、信教の自由を保障し、宗教的欲求を満たすために、施設内で活動をする民間の宗教家です。国家の側から見れば、犯罪を犯した人が罪を悔い、改善更生の道を歩むよう援助することになります。

西洋の歴史では毎週日曜日に教会におまいりしなければならないクリスチャンに対して、教会での礼拝の代替として、神父・牧師が矯正施設へ出向いて礼拝の便宜をはかるという理由が考えられます。日本では、空也が九三八年に囚人のために卒塔婆を建て、禅林寺の永観（一〇三三―一一一一）が獄舎を訪問し、法を説いて善を勧めた等、多くの事例が伝えられています。

徳川時代には、松平定信が長谷川平蔵（鬼の平蔵）の意見を取り入れ、一七九〇年に人足寄場を設立し、犯罪を犯した者と将来犯す恐れのある者を収容し、また、無宿の者に対する授産更生を目的とした保安処分施設としました。そして、教誨のために心学の泰斗であった中沢道二を招いて月に三回講話を聞かせました。これは明治以後の各府県の監獄の前身となりました。

明治三（一八七〇）年、新律綱領が制定され、徒刑（自由刑）が採用されました。人足寄場は徒場と改められました。維新政府は神道国教化政策のため、大教院を設立し、教導職が置かれ、監獄教誨が目指されましたが、一八七五年に大教院は解散し、民間人である各宗各派が教誨活動をはじめ、近代教誨が始まりました。明治一四年の監獄則において、初めて

「監獄教誨」に関する規定が設けられました。

明治一〇年頃には、全国の監獄の約四分の一で、神職による教誨が行われていましたが、次第に減少し、明治二四年以降、戦後の一九四八年まで、中断しました。

明治一〇年代後半には（一八八〇年以降）原胤昭《たねあき》・留岡《とめおか》幸助らのキリスト教徒が北海道で活躍しました。彼らの監獄改良事業には特色があります。留岡幸助の日記には「罪囚ノ精神ヤ、此等シク吾人ト同一ノ精神ナリ。吾人人タレバ罪囚モ亦人タリ」とあり、キリスト教の精神に裏付けられた人間観が記されています。原の関心は出獄人保護事業であり、教誨師を辞職し、明治三〇年に東京出獄人保護所「原寄宿舎」を創設しました。現在の更生保護事業です。典獄（監獄の長のこと）の大井上輝前《おおいのうえてるちか》は教誨師をキリスト教徒で独占しようとしましたが、様々の対立や批判があり、キリスト教徒が教誨事業から退き、明治二八年以降、仏教、特に浄土真宗が中心となりました。

仏教徒で、監獄内教誨の必要性を叫んだのは真宗大谷派の箕輪対岳《みのわたいがく》と鵜飼啓潭《うかいけいたん》であり、東京と名古屋（名古屋刑務所の入り口に「近代宗教教誨発祥之地」と刻まれた記念の石碑があります）とで一八七二年に始まりました。

明治二五年には築地本願寺で、「監獄教誨師会堂」が開かれ、仏教各宗派から三六名が集いました。そこでは死刑囚の教誨も議題となり、「囚人が過度の緊張から狂気に陥ることなく、彼らを安心獄死させる」ことが、教誨の目的であると議決されました。また、死刑執行の三〇分くらい前に、教誨の時間が与えられていましたが、もっと早めに教誨できるよう改善を求める要求が出されました。

当時の教誨の目的は「悔過遷善《けかせんぜん》」（過ちを悔い改めて善い道へ戻ること）とされましたが、その方法において、厳しい懲罰主義と教誨主義（被収容者を説諭する）との対立がありました。さらに、国民道徳を主眼とする教誨と、「悪」を受け容れる教誨の立場がありました。国民道徳を主眼とする立場が多数派でしたが、真宗大谷派には、「悪」を受け容れる立場の人々がいました。国民道徳では、浄土真宗の特色である悪人正機が伝わりません。今考えると、「悪」を受け容れる方が真宗色が明瞭ですが、当時はそうではありませんでした。

仏教徒として死刑囚の教誨に当たったのは田中一雄です。その著『死刑囚の記録』（一九〇〇—一九一一）には詳細な記録があります。なお、この書の緒言には、「犯罪のほとんどは、一時の色情〔情欲?〕に突き動かされて起こる衝動的なもので、意思の弱さや不十分な教育環境が、その主な原因である。しかし罪を犯した彼らに、時間をかけて丁寧に教誨懇諭することができれば、彼らはいつか必ず改心して、再び生き直すことができるはずである。だからそのような彼らを死刑にする必要はなく、死刑はまったく無益の刑である」とあります。

「死刑須らく廃すべし。否廃すべからず。其（死刑廃すべからず）は社会に害毒を流すの大なるものなればなり、然らば監獄の規律に従順なるものならば死刑を執行するの必要なかるべし。如何となれば監獄に永く拘禁し置かば社会に害毒を流すこと能はざればなり。（中略）仏陀の大慈大悲を教えながら、黙して此の残酷窮まる死刑を見るは忍ぶ能はざるなり」

明治三六（一九〇三）年には、教誨師は監獄の重要な幹部職員となりました。

大正一四（一九二五）年、治安維持法が施行され、思想犯対策が大きな課題となりました。さらに昭和一一（一九三六）年に思想犯保護観察法が公布され、教誨師は思想犯の転向誘導にも積極的に関わりました。この時まで教誨師は公務員でしたから、明治憲法等の法律に則って仕事をしました。

昭和二二（一九四七）年五月施行の日本国憲法により、宗教教誨は国の仕事からはずれ、民間宗教家に委ねられることになりました。それまで、特定の宗教宗派に偏っていた教誨師は、各宗教各宗派から選ばれ、教誨活動をするようになりました。当初は各地で教誨師が連盟を結成し、研修や資料の作成に力を入れましたが、その後全国組織を結成する機運が高まり、昭和三一（一九五六）年全国教誨師連盟が結成されました（現在は公益財団法人全国教誨師連盟）。

教誨師

教誨師（Prison chaplain）は二〇二三年現在、各宗教から一七七三名（内女性六六名）おり、内訳は神道二二二、キリスト教二三九、仏教一一六五（本願寺派三〇七名、内女性七名）、天理教一五六、円応教一です。ちなみに、「教誨」の教は教える、誨は懇《ねんご》ろに教えるという意味で、戒《いまし》めるではありません。

教誨活動の原則は被収容者の宗教的欲求に応え、改善更生に資することですが、死刑囚には改善更生は期待されないので、穏やかに執行を待ち受けるという心情の安定が主となります。これは結果として、管理者の価値観にそった良い囚人をつくるという意味で、死刑制度の補完的役割をすることになるでしょう。

森炎『死刑と正義』（二三〇頁以下）には、日本の裁判関係者・矯正関係者の死刑観として、「生まれ変わって死んで行くことこそが最高の償いだ」と述べられています。そして、死刑判決こそが、犯人が自分の行った行為の意味を本当に理解させるといいます。そのためには、教誨師の役割が大きいでしょう。自ら、死刑になることが償いだと納得しなければ意味がないからです。これは、個々の宗教の教義では説明できないでしょうから、教誨師各人が自分の信念で、組み立てなければならない論理でありましょう。私見を加えますと、犯人本人が死んで詫びることを納得した場合と、犯人が納得しないのに、他人（国家）が犯人を殺すことの間には大きな溝があります。国家が殺すのは、納得した場合だけではないからです。

以下は、刑務所の処遇についての話ですが、「矯正する所らしく、人の生命というものをもっと噛んで含めるように、よくわからせてはどうなのか。刑務所がやっていることといえば、規則を厳しく、ということだけで、人間がなんのために生きているのか、という大切なことを学ぶ機会はぜんぜんないのではないか。刑務所に行ったおかげで、自分はそれまで知らなかったこういう大切なことを学んで身につけました、というのを私は一度も聞いたことがない。（中略）刑務所の処遇もさることながら、死刑囚の処遇もなかなかきびしいもので、顔を洗うのも時間がきめられている。すわる場所もどの方向をむいているかも当然決まっている。また、ここに書いた死刑囚の藤井政安という囚人が、ハトに食事の残りを与えたぐらいで懲罰になっている（中略）こんな処遇をして、果てには刑場で吊されるのかと思うと、ただ暗澹たる思いになる」（大塚公子『57人の死刑囚』一九九五年、二六〇頁）とあります。

教誨師が説く教誨の意義も問われています。

過去の話（一九四八年の事件）ですが、自分は冤罪だからと再審請求しようとする収容者に対して、「（冤罪をきせられたのは）前世の因縁です。たとえ無実の罪であっても、祖先の悪業の因縁で、無実の罪で苦しむことになっている。その因縁を甘んじて受け入れることが、仏の意図に添うことになる」と、再審請求を思いとどまらせるような説教をする僧侶がいたそうです（佐藤友之『死刑と宗教』二〇〇二年、五四頁）。これは少し古い話ではありますが、まことに恥ずかしい仏教の負の歴史です。一九七〇年代以降、本願寺派では同和問題に関して、仏教の「業」説が差別を補強・強化したという批判に応えて、「業」説の見直しをはかりました。上のような極端な差別的業論を説く僧侶はさすがに今はいないと思いますが、今でも、気を付けないと誤解を招く恐れはあります。

簡略に述べますと、仏教の基本である縁起説（全ては様々の条件が寄り集まって、現在の私がある）によれば、過去の一つの原因が現在の全てを支配しているのではありません。従って、現在の事態は、私ひとりの責任ではありません。その中で、私が責任を負うのは何かを考えるべきであるということになります。誰に責任があろうと、過去は変えられません。その過去を背負って、今から事態を変えていくのが、この私であります。

一方で、教誨師は再審請求や死刑制度廃止活動等には関われないと法務省は指導しています。上述の福岡事件で教誨師を務めていた古川泰龍氏は再審運動をしたという理由で教誨師を辞めさせられました（佐藤友之『死刑と宗教』六四頁以下）。現在の日本の制度ではありませんが、歴史を遡ると、第二次大戦後の極東軍事裁判の被告に対して教誨活動をした田嶋隆純氏（真言宗豊山派正真寺住職、東京都江戸川区）は、B・C級被告のために救済活動を展開し、「巣鴨の父」と被告達から慕われたといいます。ちなみに連合国七ヵ国が設けた四九カ所の裁判所で裁かれた五七〇〇人のうち、刑死・獄死者は一〇六八人です（田嶋信雄『巣鴨の父　田嶋隆純』二〇二〇年、九九頁）。現在の日本では、教誨師にそのような行為は許されません。巣鴨で週二回、ABC級合わせて八〇〇人の教誨に当たり、A級戦犯（死刑七名）B・C級（三五名、二七名という説もある）を見送った本願寺派の寺院住職でもあった花山信勝東大教授が、専ら安心立命のために働いたことと対比されますが、花山氏が主として教誨に当たったA級戦犯は、教誨師が救援活動のできるような人々ではないでしょう。なお、A級戦犯が死刑を宣告された時、中山理々氏（真宗大谷派僧侶）が一人、マッカーサー元帥に嘆願書を出し、断食されたといいます（『巣鴨の父』一三四頁）。花山氏が、戦犯になるまでは宗教に縁のなかった人々を、阿弥陀如来の慈悲に目覚めさせた功績は評価されるべきでありましょう。

倫理道徳観から　自己責任論

弁護士・石側亮太氏は「私たちの社会が『善良な市民』で成り立っていて、その外に『悪い人』がいるわけではありません。社会には必ずどこかに歪みがあり、人生は不条理に満ちています。その中で、たまたま私たちのうちの誰かが残念ながら犯罪行為に陥り、誰かが理不尽にも犯罪被害に巻き込まれ、誰かが幸いにも犯罪とは無縁に暮らしているのだということが、刑事弁護人には実感されるのです」と述べています（『朝日新聞』二〇一五年五月一五日Voice欄寄稿）。仏教的に見ても、誠に当を得た意見です。現代日本で、自分を善人の側に置いて、他人を批判する単純な善悪二元論が有力なのは、憂慮されるところです。上に述べたように、仏教の縁起説は、様々の縁（原因）が寄り集まって結果を生じると説きます。逆に見ると、全ての出来事の一部には私も関わっているということでもあります。責任がないとは言えません

重大な犯罪者について、多くの場合、その生い立ちが話題になります。早い時期の親との

死別、貧しい少年時代、周囲のいじめ、信頼していた人の裏切りなど、どれも深刻なものです。しかし、よく似た境遇でも、犯罪を犯さず、立派に成人する人も多くいます。そこから、「犯罪を社会のせいにするな」という意見が出てきます。一見もっともな意見ですが、全く同じ条件で生きる人はいません。たまたま良い縁にあって、犯罪を犯さずに済んだ人、強い自制心があって、犯罪に至らなかった人、犯罪から立ち直った人、それぞれです。人ごとではなく、この「私」が同様の境遇にあった時、絶対に犯罪者にならないと言える自信があるでしょうか。

上記のように、犯罪は一人だけの人間の自由意志で、全うされるものではありません。死刑の自己責任論は、周囲の責任を免れさせることになります。犯人の身近な人々は申すまでもなく、そのような犯罪が起こる社会を形成している政治家はじめ統治者、一般人と言われるわれわれもいくばくかの責任を免れません。死刑によって、そのような反省をする機会が失われてしまうのです。さらに、オウム事件関係者の死刑執行は、犯行の動機や実態を詳しく調査研究する機会をなくしてしまいました。それは、将来の犯罪防止にも影響があるでしょう。死刑が執行されるに当たり、国民は、死刑に値する犯罪を、その前に抑止出来なかった責任を自覚しなければなりません。犯人を非難するだけではすみません。

「奥西さん（名張毒ぶどう酒事件）を死へと追いやった裁判官たちの心理学は、結局のところ、人間世界を上から見下ろして描く『神の心理学』でしかなかった。それは、彼らが裁判官という権威ある立場にいるからというだけではない。じつは、裁判官に限らず人は誰でも、日常の中で自分とは無関係な他者を第三者として眺めるとき、あえてその人の『渦中』に入り込もうと努めないかぎり、自ら『神の視点』に立ったかのような気分で、他者のことをあれこれと簡単に論評してしまう。そういう生き物でもある」（浜田、二七八頁）という文を読むと、犯罪や刑罰は宗教的に考えなければならない重要な課題であることを感じさせられます。そして、浄土真宗が大事にしてきた「凡夫」（凡夫といふは、無明煩悩われらが身にみちみちて欲もおほくいかり・はらだち・そねみ・ねたむこころおほくひまなくして、臨終の一念にいたるまでとどまらず、きえず、たえずと水火二河のたとへにあらわれたり『一念多念文意』）という自己認識の意味を再確認させられるのです。

日本文化の特殊性

室町時代、武士に対する刑罰に切腹が加えられました。処刑は恥辱であり、自ら生命を絶つべきだとする、いわゆる武士道精神が芽生えました。刑罰執行の場でも、武士としての立場が考慮されました（佐藤友之『死刑の日本史』一九九四年、一四五頁）。これは死刑の形を変えたものです。六〇〇年前の武士道精神が民主主義国の現代日本の法律を縛るものでしょうか。

本当に反省した日本人なら、自ら命を差し出す、という説もありますが、現場では本当に反省する者ばかりではありません。その者に無理に命を差し出せと命じたのでは、死んで詫びたことにはならないでしょう。反面、組織を守るために、一員に罪を被せて、自殺に追いやる場合があります（河合、二三三頁）。それで、周囲は罪を免れるのでしょうか。

伝統的価値観の再評価　平安時代の死刑廃止

先述の通り、八一七年、嵯峨天皇は死刑を止《や》めて、遠流か禁獄にしました。以後、三四七年間、律令による死刑はありませんでした（ただし、検非違使による殺害はあったようです）。仏教やたたり思想の影響でしょうか。

荘園領主も刑罰権を握っていましたが、刑罰はどんなに重くとも「所払い」でした。殺戮を生業とする武士たちが登場して、死刑が一般化しました（佐藤友之『死刑の日本史』）一九九四年）。現代日本は殺戮を生業とする武士の伝統を引き継ぐのでしょうか？

団藤氏が恩師と呼ばれる刑法の泰斗で、熱心な仏教徒であり、死刑存置論者の代表的学者、小野清一郎氏の著書には「死刑が正当なものであるかどうかは抽象的には論じがたい。歴史的社会の現実、特に其の政治的事情に応じ、又各場合の具体的情状に応じてその判断が異なるべきものである。（中略）なかんずく我が日本の政治理想は仁慈を旨とする。（中略）国家的秩序と人倫的文化とを維持するため絶対に必要である場合の外、死刑はこれを廃さなければならぬ」（小野清一郎『新訂・刑法講義・総論』一九四八年。団藤、三九頁）と論じられています。また、正木亮『死刑　消えゆく最後の野蛮』（一二七頁）には一九五五年の帝銀事件の死刑確定に際して、読売新聞に掲載された小野清一郎氏の存置論が転載されています。

私が思うに、「歴史的社会の現実、特にその政治的事情に応じ、又各場合の具体的情状に応じてその判断が異なるべきものである」は、一般論としてはその通りでしょう。誰も、その時代の社会的背景を離れて、議論することはできません。戦国時代に死刑廃止を主張しても、誰も耳を貸さないでありましょう。日々、庶民による殺戮が行われていたのですから。今、死刑反対論が出てくるのも、社会的背景があるからです。世界大戦への反省、ナチズムの暴政、人権思想の普及等を踏まえて、今、最も良いと考えられる主張をするのです。さらに、時代を超えた、普遍性のある思想を考慮することもできます。仏教やキリスト教にはそのような普遍的思想が含まれています。日本の死刑賛成論者は第二次大戦後の欧米諸国の反省をどのように見ているのでしょうか。

仏教

仏教経典は創始以来、時と共に増広されてきました。その中、比較的初期に成立した経典で、釈尊（ゴータマ・ブッダ）の生の言葉を伝えていると思われるものの中に、『スッタニパータ』や『ダンマパダ』があります。前者には、「次に在家の者のつとめを汝らに語ろう（三九三）。生きものを（みずから）殺してはならならぬ。また（他人をして）殺さしめてはならぬ。また他の人々が殺害するのを容認してはならぬ。世の中の強剛な者どもでも、また怯えている者どもでも、すべての生きものに対する暴力を抑えて（三九四）」（中村元訳『ブッダのことば　スッタニパータ』）とあります。

『ダンマパダ』には「すべての者は暴力におびえ、すべての者は死をおそれる。己が身をひきくらべて、殺してはならぬ。殺さしめてはならぬ（一二九）。すべての者は暴力におびえる。すべての（生きもの）にとって、生命は愛しい。己が身をひきくらべて、殺してはならぬ。殺さしめてはならぬ（一三〇）」（中村元訳『ブッダの真理のことば　感興のことば』）とあります。

大事なことは、ここでは殺される者の善悪を問わないことです。殺す行為だけが問題になっています。伝統用語で言えば、「悪業を積む」ことでしょう。また、「殺さしめてはならぬ」は、死刑制度にもあてはまることです。

縁起説とは、「この世の物事は、相い依り、支え合って成り立っている。万能の神が支配しているのでもなく、意味もなく偶然の結果でもない」という考えであり、人間同士はもちろんのこと、動植物も含めた命が支え合っているという基本的な考え方です。そこから、自分以外のいのちにも、心を寄せることになります。また、絶対的な悪人も善人もいないことになります。様々の縁が寄り集まって、事件を起こすのです。もちろん、個人の責任を無視するのではありませんが、個人の力だけで全てが決まるのでもありません。

仏教の戒律は、出家者を対象にして、「戒」と「律」に区分できます。「戒」とは、「善い習慣・善い性格・善い行為」という語義であり、自身の修行を前進させ、教団組織の秩序を保つために制定されている条文です。それを、自発的に身につけることですから、違反しても処罰はありません。自分の修行がおろそかになるだけです。法律に対比して、道徳に近いでしょう。他方、「律」とは、教団組織を整えて、修行が円滑に進み、組織が安定して社会の中で穏やかに存在できるために条文があり、違反した場合には、教団追放から懺悔（自発的に過ちを告白して、謝罪すること）までの種々の罰則があります。最重罪の教団追放は波《は》羅《ら》夷《い》といい、殺・盗・婬・妄です。殺は殺生ですが、断人命（人のいのちを断つこと）戒と言われ、殺人です。悟りを目指す修行者のための戒律ですから、世俗的処罰とは別であり、教団追放以上の処分はありません。

一方、在家信者の守るべき基本は五戒であり、不殺生、不偸盗、不邪婬、不妄語、不飲酒の五種です。その不殺生とは、生き物を殺すことですが、生き物の範囲が様々考えられます。一応、動物までがその範囲でありましょう。

申すまでもなく、この規則は南方の伝統仏教に受け継がれているものであり、伝統を異にする現在の日本仏教では、せいぜい努力目標の意味になっています。

また、五逆という五つの重罪があり無間（間断なく苦しみを受ける）地獄に落ちる行為とされます。それらは、殺母、殺父、殺阿羅漢（仏弟子で最高位の悟りに到達したものを殺す）、出仏身血（釈尊の体を傷つける）、破和合僧（教団を分裂・破壊すること）です。

なお、筆者の属する浄土真宗は、戒を守ることを救いの条件としないという特色がありますが、教団組織を運営するための規則があり、僧侶については、最も厳しい処分は「僧籍剥奪」です。教団内だけに通用するもの、例えば、教義に反することや、本尊阿弥陀如来や宗祖親鸞聖人に対する不敬の行為などが処分の対象になりますが、教団の社会的存在として、「公共の利益を害し、人権を毀損し」等の条文もあります。また、寺族（住職の家族親族）や門徒（一般には檀家）に対しても、役職に就く上での制限等の規制があります。ただし、悪人正機等の教義からいっても、教団から追放することは考え難く、周囲がより一層力を入れて、阿弥陀如来の救いを説き、目覚めを促さねばならないということでしょう。ただし、明治時代以後、アジア太平洋戦争の敗戦までは、国家の方針に反するという理由で、教団が僧侶を処分した歴史もあることは、忘れてはならない点であります。

なお、特殊な例として、大乗仏教の戒律の考え方の中に、菩薩は、重大な悪業を止めさせるためには、その人を殺してもよいというものがあります。『瑜伽師地論』（大正大蔵経　第三十巻　五一七頁、国訳一切経瑜伽部三、八六頁）に詳しいですが、強盗、出家者の殺害等を企てる等の悪人に対しては、菩薩が、自らの地獄行きを覚悟して、悪人に罪を犯させないようにその命を断つことは、戒に違反しないとあります。悪事を傍観しないという積極性がありますが、このことは拡大解釈のおそれがあり、日清戦争時、中国人を殺すことは、中国人を地獄の苦しみから救うことになると説いた有名な僧侶がいたことが伝えられています（眞田一六五頁・戸頃重基『仏教と社会との対話』一九七三年）。百年後のオウム真理教は教団に不都合な人間を、悪業を重ねないうちに、この世から抹殺することが本人のためであるというポア（チベット語で転生、死）の考えを主張しました。これは遠い昔の人ごとでありません。また、『長阿含経』中の『世記経』（大正大蔵経巻一　一二六頁、国訳一切経　印度撰述部七　四〇〇頁　阿含部七　長阿含経二）には、地獄の裁判官である閻魔王のことが記されています（眞田二七頁以下）。閻魔王は死者の罪を裁き、地獄で苦しむ死者を見守っています。しかし、死者の裁きを終えると、自ら奥の間に引きこもる。すると、今度は、地獄の獄卒達が煮えたぎる銅液を無理矢理、閻魔王の口に注ぎ込みます。閻魔王はその場に悶絶して果てる。ところが、終わると、再び元の閻魔王にもどり、娯楽に興じ、次の裁きを始めます。閻魔王が灼熱の銅液を口から注ぎ込まれるという責め苦を受けていたわけは、地獄で苦しむ死者たちを同感同苦の慈悲の心で裁いていたからです。その裁きを通して、悪業を捨て去り、正法に従い善業を積むよう教化・救済を行っていたのです。

日本中世の武士も、自らの職務として殺人を犯したのではありますが、地獄に行かねばならないことを恐れ、浄土教に帰依したり、出家した話があります（苅米一志『殺生と往生のあいだ　中世仏教と民衆生活』二〇一五年、一四八頁以下）。親鸞の悪人正機説や、『歎異抄』一三章の「わがこころのよくてころさぬにはあらず。また害せじとおもふとも、百人・千人をころすこともあるべし」にも、そのような背景が感じられます。

当初は、武士としての職務であっても、自ら地獄行きを覚悟して、殺害を犯したが、そのうちに、自らの地獄行きを忘れてしまい、ただ、殺人を正当化することになったようです。なお、殺生という言葉は、中世では漁労・狩猟と殺人とに同じように用いられていますが、このことは、人間だけを特別視しない当時の考えがあることを教えています。

日本が民主主義社会であるとすれば、死刑制度は国民が支えているのだから、地獄行きの行為（死刑制度）も国民一人ひとりが担っていることになるでしょう。

大乗仏教では、「一切衆生悉有仏性」（『涅槃経』）、すなわち、すべていのちあるものは、仏になる可能性を持っているという考えが一般的ですから、殺人は、この世で仏になる可能性を遮断することになります。

大乗仏教初期の代表的学者である龍樹（二―三世紀）の著作『ラトナーヴァリー（Ratnāvalī）』（漢訳『宝行王正論』。龍樹がシャータヴァーハナ王のために説いた政道論・世界古典文学全集仏典Ⅰ　一九六六年）には、「殺生を犯すことなく、死刑囚を釈放するならば、身は美しく、直立にして大きく、寿命長く、指長く、踵が広いものとなるであろう」（三五七頁）「王よ、御身は慈愛によって、すべての人々の心を正義にむかわしめるべし。たとい恐ろしい罪を犯した人々の心であっても」「慈悲は、ことに恐ろしい罪を犯した悪人たちに向けられるべきである。このような憐れむべき人々こそ、心の高潔な人の慈悲にふさわしい対象であるから」「事情を正しく考慮し判断して、たとい罪深い殺人を犯した人々であっても、死刑に処することなく、また責苦を与えることなく、かれらを追放すべし」（三六四頁）とあります。理想論に違いありませんが、二〇〇〇年前の高僧が説いた教えとして、時代を超えた真実が説かれたことに意義があります。少なくとも、政治家や軍人ではない僧侶は、彼らに追随することなく、真実を追究したいものです。

『法華経』方便品には「我本誓願を立てて　一切の衆をして　我が如く等しくして異ることなからしめんと欲しき（中略）無智の者は錯乱し、迷惑して教えを受けず我知んぬ此の衆生は　未だ曽て善本を修せず　堅く五欲に著して　痴愛の故に悩みを生ず　諸欲の因縁を以て　三悪道（地獄・餓鬼・畜生）に墜堕し　六趣（地獄・餓鬼・畜生・阿修羅・人間・天）の中に輪廻して　備さに諸の苦毒を受く」（庭野日敬訳：わたしは、一切の人間をわたしと同じような仏の悟りに導きたい、みんなをわたしとちがうところのない人間に教え育てたいという誓願を立てました〔以下略〕。新釈法華三部経2、一九九六年）とあります。

浄土真宗では、悟りを開いていない者を凡夫と呼び、智慧・能力に限りがあるが、欲望には限りがない危うい存在と認識します。そこでは、凡夫・悪人（十方衆生）のすべてが阿弥陀如来の救いの対象であるから、悟りを開いていない私の判断で、勝手に他人の命を絶つべきではないことになります。しかしながら、同時に、迷いの世界にあって、悟りを開いていない凡夫は、その時々の縁によって、すべきではないこともしてしまう（さるべき業縁のもよほさば、いかなるふるまいもすべし）（『歎異抄』第一三章）存在であり、私が善人になって、悪事をはたらいた人を、単純に断罪することはできないことになります。それでも、善悪の判断基準は仏の教え（正法）ですから、気づかされたならば、過ちを改めるのが本当の仏教徒であります。

参考：真宗大谷派は、一九九八年六月二九日「死刑制度を問い直し、死刑執行の停止を求める声明」を発表しました。近年は死刑執行の発表があるたびに、同様の声明を発表しています。

懺悔《さんげ》

仏教辞典には、懺悔とは「罪科《つみとが》を悔いてゆるしを請うこと」とあり、初期の仏教では、かなり厳密に守られていたと思われます。例えば、「十方の仏菩薩を迎え、経呪をとなえ、自分の罪名をのべ、誓いを立てて、教えのとおりに証を明らかにする」とあります。日本仏教では、お経を唱える中に懺悔の文が含まれていますが、実際に自分が犯した罪を具体的に述べて、懺悔しているかどうか不明です。中国の浄土教典籍である『往生礼讃』には、「上品の懺悔とは、身体の毛孔より血を流す。中品の懺悔とは、毛孔から熱汁、眼から血を流す。下品の懺悔とは、全身が微熱して眼から涙を出す」とありますが、理想的過ぎて、現実味が感じとりにくいでしょう。

仏典には、「以前には悪い行いをした人でも、のちに善によってつぐなうならば、その人はこの世の中を照らす。――雲を離れた月のように」（ダンマパダ（法句経）第一七三偈）「［おのが］過失を認むる者と　その告白を［許すことを］知る者には、和合はいっそう強まり、その絆は朽ちることなし」（ジャータカ四七）「他人《ひと》の犯せし罪科《つみとが》をば　わが身に結びつけんとする者こそ、より気高く、重荷を運び、責を果たす者なれ」（ジャータカ四八）などが伝えられています。

上記の犯罪被害者支援弁護士フォーラム『死刑賛成弁護士』（二〇二〇年七月）には、死刑制度反対の僧侶に対して、「この言葉（怨みに報いるに怨みを以てせば、云々：序論参照）を、家族を殺され悲しみ、怒り心頭に発しているご遺族に対して、面と向かっていえるでしょうか。（中略）その言葉は、つらい経験をしたことのない『幸せな第三者』の言葉にしか聞こえません。もっと被害者に寄り添う言葉が欲しい」（一二二頁）とあります。無理からぬ反応でありますが、怒り心頭に発しているご遺族に寄り添って言う言葉と、制度の善し悪しを論じる言葉は、別のものであります。先ずは、怒り心頭に発した人の気持ちに寄り添い、受け容れ、次第に心を通わせる中から、解きほぐしていかねばなりません。怒り心頭に発したままの人に、ただ迎合したのでは、仕返しを助長したり、怒りの感情を爆発させるだけです。国家の制度を論じる場ではありません。宗教家の現場は、常に公式論と相手の感情論の接点です。死刑に限らず、死者供養や病気平癒でも、その宗派の教義と目の前の人々の感情とは、ずれる場合が多いのは当然です。お互いの交流が深まり、何でも話せる信頼関係が育つまでは、公式論は通用しないでしょう。その区別を理解してほしいものです。

キリスト教

キリスト教はその始まりがイエスの処刑という特異な姿を取っているように、死刑については敏感な宗教であります。マタイの福音書五章三八節には、『目には目を、歯には歯で』といわれたのを、あなたは聞いています。しかしあなたがたに言います。悪い者に手向かってはいけません。あなたの右の頬を打つような者には、左の頬も向けなさい」とあります。パウロの『ローマ人への手紙』（一二章一九節・二一節）には「愛する人たち。自分で復讐してはいけません。それは、こう書いてあるからです。『復讐は私（神）のすることである。私が報いをする、と主はいわれる（中略）善をもって悪に打ち勝ちなさい。』」とあります。また、旧約聖書『申命記』（三二章三五節）には主の言葉として、「復讐と報いはわたしのもの」とあります。

現代のキリスト教は「真に罪をあがなうことができるのは、罪なき身で十字架にかけられたイエス・キリストの他にない。イエスがみずからの死によって全ての人の罪をあがなったのだから、この大いなる救いにあずかる私たちは、たとえどんな罪を犯した人のいのちも奪うべきではないというのが、聖書が教える死刑廃止論だ」（柴田幸範「カトリック教会における死刑廃止」『宗教者が語る死刑廃止』五六頁）と言います。

キリスト教は当初、死刑に反対の立場が有力であったようですが、ローマ帝国の国教となってからは、国家の代弁者として死刑を支持するようになりました。有名な教父アウグスティヌスやトマス・アクィナスも死刑を容認していました。しかし、一九六二―六五年の第二バチカン公会議で、「社会に開かれた教会」へと劇的に方向転換し、人権尊重の立場から明確に死刑廃止論を唱えるようになりました（柴田、五七頁）。

「死刑は認められません。それは人間の不可侵性と尊厳への攻撃だからです」（カトリック教会のカテキズム、第二二六七項、二〇一八年）。

「キリスト教の魅力は、報復ではなく、いのちを賭けてゆるしの道を選択したことにあります」、「私たちも、罪を犯した人々の罪をともに背負い、罪によって傷つけられた人々の苦しみをともに背負って、誰一人欠けることなく、ともに救いへたどりつきたい。これがカトリックの『にがい』死刑廃止論だ」（柴田、六二頁）等の主張があります。

プロテスタント教派は中央集権的ではないので見解はさまざまですが、日本の場合はリベラルな主張が強いようです。

フランスのプロテスタント同盟評議会は、死刑制度がまだ存在していた一九六三年、次のような指摘をしています。「一・人の死の時を定めるのは人間のなすべきことではない。二・たとえどれほど罪深い人間であったとしても、イエスはその人たちのためにも死なれたのであって、神が罪人に与えられた忍従と悔悛の時をその人から奪うべきではない。三・人間の裁きには限界があって、あとになっては改めようのないことを決定してはならず、それは神の審判にのみ委ねるべきである」（佐藤友之『死刑と宗教』二〇〇二年、一八三頁）。

次は、キリスト教の強さを知らせてくれる文章です。「北アイルランド紛争で三年間テロリストとして活動し、その後、牧師となり西播磨キリスト教会で活動しているヒュー・ブラウン牧師は、『赦し』こそが『憎しみ』を超えて『癒しと平和』を造る道であると説かれました。許す大切さが分かれば、この世に許せないことは何一つありません。実際、北アイルランド紛争で自分の子供を目の前でころされながら、その相手を許している人がたくさんいるのです」（『佼成新聞』二〇〇六年一〇月八日）。これを読むと、日本仏教の無力さを痛感させられます。

中国思想

最後に、中国の智慧を紹介します。ここでは、『論語』の一節を見ておきます。

「季康子（晩年の孔子が魯に帰ったときの、魯の首相）、政《まつりごと》を孔子に問うて曰く、もし無道を殺して、以て有道を就《な》さば、何如。孔子対《こた》えて曰く、子、政を為すに、焉《いずく》んぞ殺を用いん。子、善を欲して民善なり。君子の徳は風、小人の徳は草。草、之に風を上《くわ》うれば、必ず偃《ふ》す。」

（道徳のないものを死刑にして、道徳のあるものをたすける。そうした政治の方法も考えられますが、どうお考えになりますか。孔子のこたえ。あなたは政治をしているのである。それにどうして、殺害人命を絶つ、と言う方法をつかえますか。あなたが善を欲すれば、人民も善になる。為政者の徳は、たとえば風であり、被支配者の徳は草である。草は、風をあたえれば、きっとなびく。）（吉川幸次郎『論語』下、新訂中国古典選第三巻、一九六六年、九五頁）

中国思想にはさまざまありますが、たまたま目についた『論語』には、命を奪うという政治のあり方を批判したものがありました。

死刑大国中国でこそ、参考にしてほしい古典です。

註）「あなたは政治をしているのである。」については、前々項に「季康子、政《まつりごと》を孔子に問う。孔子対えて曰く、政なるものは正なり」とあり、まつりごととは正しさであると孔子は説いています。中国語では、政と正は同じ発音で、word family として、連関した意味をもつので、この文に説得力が増します。

付録　資料とその解釈

根拠となる法律

法律上の殺人（犯罪白書の殺人）とは、刑法第一九九条（殺人）、第二〇一条（殺人予備）、第二〇二条（自殺関与及び同意殺人）、第二〇三条（前一九九条・二〇二条の未遂）ですが、死刑になりうるものは第一九九条「人を殺した者は、死刑又は無期若しくは五年以上の拘禁刑に処する」の殺人だけです。

第二〇五条　傷害致死。三年以上の有期拘禁刑。実際には殺人に近いものもあります。

第二二一条　監禁致死。傷害の罪（三年以上の有期拘禁刑）と比較して、より重い刑を与える。）殺害の意図は別として、死に至らしめる行為ではあるが、死刑にはならないものです。

第二一九条　遺棄致死。傷害の罪（三年以上の有期拘禁刑）と比較して、より重い刑。

自動車の運転により人を死傷させる行為等の処罰に関する法律に死刑はありません。

二〇二四年六月一三日、一一五年ぶりの刑罰制度の見直しとなる改正刑法が成立し、二〇二五年六月一日に施行されることが決まっています。この改正により、従来の懲役刑と禁固刑は拘禁刑に一本化されました。これは、これまでの刑務作業に加えて被収容者の更生教育を義務付けるなど、再犯防止や矯正指導の重点化を狙いとするものです。

言葉の問題

法律の専門用語としての「殺人」と、素人一般人が思う「殺人」には、ズレがあります。素人にとって、人を死なせれば殺人と思いやすいですが、法律上は殺人、傷害致死、過失致死は違います。殺人には、殺意が条件となります。そこで、殺意があるかないかが、裁判で争点となります。けんかをしている間に死なせてしまったのは、傷害致死であり、殺意はないとみなされます。従って刑も比較的軽くなり、死刑はありません。

死刑を論じるためには、どのような犯罪が死刑とされるかを、確認しておかねばなりません。

死刑が適用される犯罪（内乱・戦争、多人数殺害、個人的殺害）

刑法

内乱罪（第七七条一項、首謀者）

外患誘致罪（第八一条）
外患援助罪（第八二条）
現住建造物等放火罪（第一〇八条）
激発物破裂罪（第一一七条一項）
現住建造物等浸害罪（第一一九条）
汽車転覆等致死罪（第一二六条三項）
往来危険罪の結果的加重犯（第一二七条）
水道毒物等混入致死罪（第一四六条後段）
殺人罪（第一九九条）
強盗致死傷罪（第二四〇条）
強盗・不同意性交等致死罪（第二四一条三項）

特別法

爆発物使用罪（爆発物取締罰則第一条）
決闘致死罪（決闘罪ニ関スル件第三条）
航空機強取等致死罪（航空機の強取等の処罰に関する法律第二条）

航空機墜落致死罪（航空の危険を生じさせる行為等の処罰に関する法律第二条三項）
人質殺害罪（人質による強要行為等の処罰に関する法律第四条一項）
組織的殺人罪（組織的な犯罪の処罰及び犯罪収益の規制等に関する法律第三条一項七号）
海賊行為等致死罪（海賊行為の処罰及び海賊行為への対処に関する法律第四条一項）

決闘致死罪は決闘で相手を死に至らしめる行為で、死刑または無期もしくは五年以上の拘禁刑です。決闘罪は余りなじみがありませんが、たまたま、『京都新聞』（二〇二二年七月二三日）に、記者が調べた六段の記事が載りました。明治二二年の特別法があります。明治二一年朝野新聞の記者であった犬飼毅（後の首相）に別のジャーナリストが決闘状を送った。犬飼は決闘が「野蛮の遺風」であると返答したが、その後、議員や団体の代表者が決闘を申し込まれる事件が続発した。そこで、翌年、「決闘罪に関する件」が公布されたといいます。現代でも二〇〇六年から二〇二〇年の一五年間に、検察が受理した容疑者は二五二人でした。意外に多いです（暴走族の抗争事件などがあると増えるようです）。

なお、外患誘致罪のみ絶対的法定刑として死刑のみで、その他は選択的法定刑（場合に応じて、刑の軽重が変わる）です。犯行時に一八歳未満であった者には死刑を科すことができません（少年法第五一条）。心神喪失の状態にあるとき、女子であって懐胎しているときは、執行は停止されます。
収監中の死刑囚で精神に異常をきたしている者がいますが、必ずしも裁判では、それが認められるとは限りません。

旧刑法第四〇条　瘖唖《いんあ》者ノ行為ハ之ヲ罰セス又ハ其刑ヲ減軽ス　一九九五年削除

刑法　第一一条

① 死刑は、刑事施設内において、絞首して執行する。
② 死刑の言渡しを受けた者は、その執行に至るまで刑事施設に拘置する。

註）
絞首《こうしゅ》『広辞苑』によれば、首を絞めて殺す刑罰。（絞は『漢字源』によれば、しぼる、しめるの意）
縊首《いしゅ》　首つり　自殺に多い。
絞首　首にかけたひもの両端を引っ張って窒息死させる　他殺に多い。
菊田幸一『死刑』一三九頁以下には図解がある。

一九五八年「日本におけるじっさいの死刑方法は縊首であって、絞首ではない。つまり刑法の定める執行方法とはちがう」として裁判に訴えた者がいた（村野薫『死刑はこうして執行される』七三―八〇頁）。英語で絞首刑はdeath by hanging（つるす）であり、英語のほうが、生々しく、実態をあらわしており、日本語は残酷さを覆い隠しているのではないでしょうか。

刑事訴訟法

第四七五条〔死刑の執行〕死刑の執行は、法務大臣の命令による。

② 前項の命令は、判決確定の日から六箇月以内にこれをしなければならない。

第四七六条　法務大臣が死刑の執行を命じたときは、五日以内にその執行をしなければならない。

実際には、法務省が「判決確定後、六箇月以内に執行」を訓示的な意味と理解しているために、変動があり、平均八年前後（二〇二一年頃）。確定六カ月で執行されることはまずありません。二〇二三年十二月末現在、死刑確定者数は一〇六人です。

法務大臣によっても運用が異なります。歴代の法務大臣の発言を見てみますと、次のように言っています（括弧内は在任期間）。

「勘弁してくれ。そんなことをしたら今度はオレにお迎えが来る」赤間文三（一九六七―一九六八）

「いくらでも決裁してやるから、どんどんもってこい」小林武治（一九七〇―一九七一）

「自分の思想と良心に反する」左藤恵（一九九〇―一九九一）

「法相が絡まなくても自動的に死刑執行が進むような方法があればと思うことがある」鳩山邦夫（二〇〇七―二〇〇八）

明治維新後、死刑執行が1件もなかった年は一九六四年、一九六八年、一九九〇年から一九九二年（一九九三年三月、後藤田法相のもとで執行再開）、二〇一一年、二〇二〇年、二〇二三年です。

刑事訴訟法　第四七七条

死刑は、検察官、検察事務官及び刑事施設の長又はその代理者の立ち会いの上、これを執行しなければならない。

（筆者の疑問：どうしてここに、死刑判決を下した裁判官が立ち会わないのでしょうか？）

刑事収容施設及び被収容者等の処遇に関する法律（二〇〇六年施行）

第三二条　死刑確定者の処遇に当たっては、その者が心情の安定を得られるようにすることに留意するものとする。

② 死刑確定者に対しては、必要に応じ、民間の篤志家の協力を求め、その心情の安定に資すると認められる助言、講話その他の措置を執るものとする。

第三三条　刑事施設の長は、被収容者に対し、その刑事施設における収容の開始に際し、被収容者としての地位に応じ、次に掲げる事項を告知しなければならない。その刑事施設に収容されている被収容者がその地位を異にするに至ったときも、同様とする。

四　宗教上の行為、儀式行事及び教誨《かい》に関する事項

七　面会及び信書の発受に関する事項

第三六条　死刑確定者の処遇は、居室外において行うことが適当と認める場合を除き、昼夜、居室において行う。

② 死刑確定者の居室は、単独室とする。

③ 死刑確定者は、居室外においても、第三二条第一項に定める処遇の原則に照らして有益と認められる場合を除き、相互に接触させてはならない。

死刑制度にかかわる内外の規範・条約

世界人権宣言（一九四八年）

第三条　すべて人は、生命、自由及び身体の安全に対する権利を有する。

国際人権規約

市民的及び政治的権利に関する国際規約（自由権規約）一九六六年（日本は一九七九年に批准）

第六条　すべての人間は、生命に対する固有の権利を有する。この権利は、法律によって保護される。何人も、恣意的にその生命を奪われない。

④ 死刑を言い渡されたいかなる者も、特赦又は減刑を求める権利を有する。死刑に対す

る大赦、特赦又は減刑は、すべての場合に与えることができる。

死刑廃止条約

死刑の廃止を目的とする「市民的及び政治的権利に関する国際規約」の第二選択議定書（団藤訳）。他に「死刑廃止に向けての市民的および政治的権利に関する国際規約第2選択議定書」とも。一九八九年一二月採択、一九九一年七月発効

註）この文の「死刑の廃止を目的とする」は「国際規約」にかかるのではなく、「第二選択議定書」にかかる。

註）選択議定書（optional protocol）とは、本条約に付属する別個の条約で、本条約の締結国が任意の選択によって、署名・批准・加入をして当事国になることを認められ、議定書が本条約と共に、適用される。砕いて言えば、条約の本来企図するところが、簡単に国際的なコンセンサスに達する見込みが少なく、仮に成立しても多数の国が参加することを期待しがたい、さればといって、すぐに諦めてしまうのは残念だ、といった場合にとられる、いわば二段構えの、非常に賢明な方法。（団藤、二一二頁）

本文

この議定書の締約国は、

死刑の廃止が人間の尊厳の向上（enhancement of human dignity）と人権の漸進的発展（progressive development）に寄与することを信じ、

一九四八年一二月一〇日に採択された世界人権宣言の第三条及び一九六六年一二月一六日に採択された「市民的及び政治的権利に関する国際規約」の第六条を想起し、

「市民的及び政治的権利に関する国際規約」の第六条が、死刑の廃止が望ましいことを強く示唆する文言をもって死刑の廃止に言及していることに留意し、

死刑の廃止のあらゆる措置が生命に対する権利（right to life）の享受における前進（progress）と考えられるべきであることを確信し、

このようにして死刑を廃止するという国際的な公約（commitment）を企図することを願って、次のとおり協定した。

第一条

① 何人も、この選択議定書の締約国の管轄内にある者は、死刑を執行されない。

② 各締約国は、その管轄内において死刑を廃止するためのあらゆる必要な措置をとらな

ければならない。

註）この時、参加した一五八ヵ国のうち、反対票を投じたのは日本はじめ二六ヵ国
日本が反対票を投ずるについて、国会はもちろん、国民に事前に問うた形跡がなく、
マスコミも十分な報道をしていません（村野薫『日本の死刑』一九九〇年、一六〇頁）。
『朝日新聞』（二〇二一年七月一四日号）は、死刑廃止条約三〇年にちなみ論説を掲載し、
バイデン政権が死刑執行の停止を発表したことを踏まえ、日本が廃止国に加わるか、
それともイラン、エジプト、イラク、サウジアラビア、中国、北朝鮮などとともに、
存置陣営にとどまるかを問うています。

死刑廃止国と存置国

あらゆる犯罪に対して死刑を廃止している国　一一二ヵ国
通常の犯罪に対してのみ死刑を廃止している国　九ヵ国
事実上の死刑廃止国　二三ヵ国
死刑存置国　五五ヵ国
（二〇二三年十二月現在。アムネスティ・インターナショナル日本による）

日本国憲法

第一一条「基本的人権の享有」 国民は、すべての基本的人権の享有を妨げられない。この憲法が国民に保障する基本的人権は、侵すことのできない永久の権利として、現在及び将来の国民に与へられる。

第一二条「自由・権利の保持の責任とその濫用の禁止」 この憲法が国民に保障する自由及び権利は、国民の不断の努力によって、これを保持しなければならない。又、国民は、これを濫用してはならないのであって、常に公共の福祉のためにこれを利用する責任を負ふ。

第一三条「個人の尊重・幸福追求権・公共の福祉」 すべて国民は、個人として尊重される。生命、自由及び幸福追求に対する国民の権利については、公共の福祉に反しない限り、立法その他の国政の上で、最大の尊重を必要とする。

第一四条 「法の下の平等」

すべて国民は、法の下に平等であって、人種、信条、性別、社会的身分又は門地により、政治的、経済的又は社会的関係において、差別されない。

第一八条 「奴隷的拘束及び苦役からの自由」 何人も、いかなる奴隷的拘束も受けない。

又、犯罪に因る処罰の場合を除いては、その意に反する苦役に服させられない。

第二四条「家族生活における個人の尊厳、両性の平等」

①婚姻は、両性の合意のみに基いて成立し、夫婦が同等の権利を有することを基本として、相互の協力により、維持されなければならない。

②配偶者の選択、財産権、相続、住居の選定、離婚並びに婚姻及び家族に関するその他の事項に関しては、法律は、個人の尊厳と両性の本質的平等に立脚して、制定されなければならない。

第三一条「法定の手続の保障」

何人も、法律の定める手続によらなければ、その生命若しくは自由を奪はれ、又はその他の刑罰を科せられない。

第三六条「拷問及び残虐刑の禁止」公務員による拷問及び残虐な刑罰は、絶対にこれを禁ずる。

第三八条「自己に不利益な供述、自白の証拠能力」

① 何人も、自己に不利益な供述を強要されない。

② 強制、拷問若しくは脅迫による自白又は不当に長く抑留若しくは拘禁された後の自白は、これを証拠とすることができない。

③ 何人も、自己に不利益な唯一の証拠が本人の自白である場合には、有罪とされ、または刑罰を科せられない。

日本国憲法の解釈（秋葉忠利『数学書として憲法を読む』二〇一九年より）

第一三条「個人の尊重・幸福追求権・公共の福祉」すべて国民は、個人として尊重される。生命、自由及び幸福追求に対する国民の権利については、**公共の福祉に反しない限り**、立法その他の国政の上で、最大の尊重を必要とする。

の解釈について、秋葉忠利氏は「公共の福祉に反しない限り」は、「生命、自由及び幸福追求に対する国民の権利」にかかるのではなく、「立法その他の国政の上で、最大の尊重を必要とする」にかかるのであり、「国民の権利」が公共の福祉と対立するのではないと主張されます。論理的整合性のある議論です。（六四頁以下及び九五頁以下）一九四八年の最高裁判決をはじめとする定説は「国民の権利は公共の福祉に反しない限り尊重される」という解釈です。秋葉氏によると、死刑をしないことが公共の福祉に反することを説明しなければなりません。筆者の意見を加えると、現状では、基本的人権は、その時々の国家権力の公共の福祉についての解釈・判断でどうにでもなる曖昧な権利になってしまうでしょう。

第三六条　「拷問及び残虐刑の禁止」　公務員による拷問及び残虐な刑罰は、絶対にこれを禁ずる。

残虐刑とは死刑そのものか執行方法を指すのかが疑問ですが、「絶対にこれを禁ずる」という強い表現が、単なる執行方法の残虐性の強弱という相対的議論に対応するかという問題があります。

秋葉氏は死刑が死刑に処せられる当事者にとって「残虐な刑罰」にほかならないと述べます。死刑が「残虐な刑罰」でないならば、公開できるか、子どもに見せられるかを問われます。最高裁判決文では、執行方法の良し悪しを論じており、現実に存在しない「火あぶり、はりつけ、さらし首、釜ゆで」を残虐な刑としていますが、そのような刑を現代の憲法が「絶対にこれを禁ずる」必要があるかと問われます。筆者の私見を加えると、死刑制度支持の世論は人ごとを論じているのです。目の前で、執行を体験するとは予想していないのです。人ごとということは、専門家にも当てはまるでしょう。帝銀事件の最高裁判決で、「現在わが国の採用している絞首方法が他の方法に比して特に人道上残虐であるとする理由は認められない。従って絞首刑は憲法第三六条に違反するとの論旨は理由がない」と述べているのに対して、正木亮氏は、「私は田中裁判長以下一三人の裁判官の一人として絞首刑とガス殺との比較を実地になされたということを聞かない」と言います（『死刑　消えゆく最後の野蛮』一九六四年、九二頁）。

死刑が残虐でなければ、死刑が検討されるような凶悪犯罪も、残虐ではないことになるのではないでしょうか。死刑が宣告されてから、何年も拘置される残酷さと、ピストル殺人のように、一瞬にして殺害される殺人事件と、どちらが残酷かは比較の仕様がありません。凶悪犯人だから残虐刑が許される、被害者が無辜の庶民だから残虐犯罪は許されないというのは、殺害方法の残虐さとは別の事柄です。

重大事件の概要

秋葉原無差別殺傷事件

二〇〇八（平成二〇）年六月八日、東京秋葉原で発生した通り魔殺傷事件。加藤智大（二五歳）がトラックで交差点に突入して五人を次々とはね、さらに降車して一七人をナイフで刺した。一連の犯行によって七人が死亡、一〇人が重軽傷を負った。加藤によれば事件は殺人が目的ではなく、ネットの掲示板荒らしに対する抗議であって、事件直前に中止を考えたものの既に犯行を予告していたため、懲役刑より死刑の方がましだと考えて決行したという。二〇一一（平成二三）年、東京地裁は求刑通り死刑判決を言い渡し、二〇一二（平成二四）年、二審の東京高裁は控訴を棄却、最高裁も上告を棄却したため、二〇一五（平成二七）年、死刑判決が確定し、二〇二二（令和四）年七月二六日に執行された。なお、加藤は執行時点では犯行時の責任能力を争い、第二次再審請求中であった。

地下鉄サリン事件

一九九五（平成七）年三月二〇日、東京都内の地下鉄車内でオウム真理教の信者が猛毒のサリンを散布し、乗客及び駅員ら一三人が死亡し、六〇〇〇人以上が重軽傷を負った。この他、坂本堤弁護士一家殺害事件や松本サリン事件など一連のオウム真理教事件で起訴された教団関係者は一八九人に上る。二〇一一（平成二三）年一二月に全ての刑事裁判が終結し、教団代表の麻原彰晃（本名松本智津夫）以下一三人の死刑判決と五人の無期懲役が確定した。その後、二〇一八（平成三〇）年七月六日に七人、二六日に六人の死刑がそれぞれ執行された。

三鷹事件

一九四九（昭和二四）年四月一五日、国鉄三鷹駅に停留していた無人電車が暴走して脱線し、三人が死亡、二〇数人が重軽傷を負った。元運転士の竹内景助（二八）が逮捕され、他の四人の共産党員との共同正犯として起訴され、第一審の東京地裁は竹内以外の四人は無罪、竹内には往来危険電車転覆致死罪により無期懲役の判決を下した。控訴審の東京高裁では単独犯と認定されただけでなく、無期懲役が破棄されて死刑判決が下され、上告審の最高裁大法廷では八対七の僅差で上告が棄却され、死刑判決が確定した。竹内は一九六七（昭和四二）年に収監先の東京拘置所で獄死。二〇一一（平成二三）年、竹内の長男が二回目の再審請求を申し立てたが、二〇一九（令和元）年、東京高裁は再審開始を認めない決定をした。弁護団はこの決定を不服として異議を申し立てたが、二〇二二（令和四）年に同高裁に棄却されたため、最高裁に特別抗告した。しかし、二〇二四（令和六）年四月一七日、最高裁がこれを棄却したため、再審開始を認めない決定が確定した。

永山事件

一九六八（昭和四三）年、東京・京都・北海道・愛知の四都道府県で、永山則夫（各事件当時一九歳）が横須賀の米軍基地から盗んだ拳銃を使い、警備員やタクシー運転手など四人を射殺した事件。一九七九年（昭和五四）年、第一審の東京地裁は死刑を言い渡したが、控訴審の東京高裁は死刑判決を破棄して無期懲役を言い渡した。一九八三（昭和五八）年、最高裁第二小法廷は「控訴審の無期懲役判決は事実の個別的な認定・総合的な判断を誤り、甚だしく量刑を誤ったもので、破棄しなければ著しく正義に反する」として審理を東京高裁へ差し戻す判決を言い渡した。この時、小法廷は死刑適用基準について初めて詳細に明示し、この基準は「永山基準」として後の裁判での死刑選択基準として採用されることになった。一九八七（昭和六二）年、差し戻し控訴審の東京高裁は、差し戻し前の第一審（東京地裁）

の死刑判決を支持して控訴を棄却する判決を言い渡した。一九九〇（平成二）年の差し戻し上告審判決公判で、最高裁第三小法廷は第一審の死刑判決を支持した差し戻し控訴審判決を支持し、永山の上告を棄却する判決を言い渡して死刑が確定し、一九九七（平成七）年八月一日に執行された。

狭山事件

一九六三（昭和三八）年二月、埼玉県狭山市で女子高校生が行方不明となり、死体で発見された。埼玉県警は狭山市内の被差別部落の見込み捜査を行い、同部落の石川一雄（二四）を別件で逮捕・起訴し、その後、強盗強姦・強盗殺人・死体遺棄・恐喝未遂の罪で起訴した。一審の浦和地裁で石川は全面的に罪を認め、一九六四（昭和三九）年に死刑判決が言い渡されたが、二審の東京高裁では一転して冤罪を主張して無期懲役判決が言い渡され、一九七七（昭和五二）年、最高裁で無期懲役が確定した。これに対して弁護側は部落差別に基づく冤罪であるとして、これまで三度の再審請求の申し立てを行い、現在も審理中である。

免田事件

一九四八（昭和二三）年一二月二九日、熊本県人吉市で四人が殺傷された事件。強盗殺人などの罪で逮捕・起訴された免田栄（二二）に対し、一九五〇年（昭和二五）年、熊本地裁八代支部は死刑を言い渡し、一九五一年（昭和二六）年、第二審の福岡高裁は控訴棄却の判決を言い渡した。さらに最高裁も上告棄却の判決を下し、一九五二年（昭和二七年）一月五日に死刑が確定した。しかし、一九八〇（昭和五五）年の第六次再審請求により、最高裁で再審開始が確定し、一九八三（昭和五八）年七月一五日、「警察による自白の強要、証人への誘導尋問、検察による証拠品の廃棄、事件当日のアリバイ成立」などを理由に熊本地裁八代支部は再審無罪判決を言い渡し、検察側が控訴を断念したため無罪が確定した。この判決は死刑囚に対して初めてとなる再審無罪判決で、事件発生から三四年六か月後のことであった。なお、それまでに警察・検察いずれも免田が真犯人だとして再捜査を行わなかったために真犯人は検挙されず、本件は公訴時効が完成して未解決事件となっている。ここに明らかなように、冤罪は真犯人を取り逃がすことに他ならないと言える。

帝銀事件

一九四八年（昭和二三）年一月二六日、東京都豊島区の帝国銀行（現在の三井住友銀行）椎名町支店に、閉店直後に現れた男が「近くの家で集団赤痢が発生し、ＧＨＱが行内を消毒する前に予防薬を飲んでもらいたい」と行員らを騙し、青酸化合物を飲ませて一二名を毒殺し、現金と小切手を奪った強盗殺人事件。画家の平沢貞通（五五）が逮捕され、一九五〇（昭和二五）年、東京地裁で死刑判決、一九五一（昭和二六）年、東京高裁で控訴棄却、一九五五年（昭和三〇）年四月六日、最高裁大法廷で上告棄却の判決を受けて死刑が確定した。最終的に刑の執行がなされないまま、平沢は一九八七（昭和六二）年に九五歳で獄死したが、遺族は二〇一五（平成二七）年に第二〇次再審請求を東京高裁に申し立てた。

財田川事件

一九五〇（昭和二五）年二月二八日、香川県三豊郡財田村（現三豊市）で闇米ブローカーの男性が殺害され、谷口繁義（一九）が逮捕された。谷口は裁判で自白の強要を主張して冤罪であると訴えたが、一九五二（昭和二七）年、高松地裁丸亀支部は死刑判決を言い渡した。その後、高松高裁で控訴棄却、一九五七（昭和三二）年、最高裁判所も上告を棄却して死刑が確定した。しかし、一九七九年（昭和五四）年、高松地裁は再審開始を決定し、一九八四（昭和五九）年に無罪判決を言い渡し、検察側が控訴を断念したため無罪が確定した。

松山事件

一九五五（昭和三〇）年一〇月一八日、宮城県松山町（現大崎市）の農家が全焼し、焼け跡から四人の焼死体が発見され、遺体解剖の結果、三人の頭部に刀傷らしきものが認められ、殺人及び放火の疑いで斎藤幸夫（二四）が逮捕された。一九五七年（昭和三二）年、仙台地裁で死刑判決が下され、一九五九年（昭和三四）年、仙台高裁は控訴を棄却。一九六〇（昭和三五）年、最高裁判所が上告を棄却して死刑が確定した。その後、一九七九（昭和五四）年に再審が認められ、「警察の取調べで罪を認めても、裁判で否定すればいい」と斎藤に言って自白に追い込んでいたことが判明するなどして、一九八四（昭和五九）年に無罪判決が言い渡された。

獄中訴訟・孫斗八（神戸洋服商殺人事件）

一九五一（昭和二六）年一月一七日、神戸市生田区の洋服商に顔見知りの孫斗八が入店して夫妻を撲殺し、強盗殺人罪で逮捕され、一審の神戸地裁では死刑、二審の大阪高裁も死刑、一九五五（昭和三〇）年一二月一六日、最高裁判所が上告を棄却したため死刑が確定した。この孫斗八の特筆すべき点は、拘置所の規則に対する不満を訴えることだった。最初は告訴を繰り返していたが、告訴担当検事のアドバイスを受け、「通信の差し止めや抹消・検閲・原稿用紙の使用禁止・新聞の購読禁止等の処分無効」を求めて大阪地裁に「文書図画閲読禁止処分に対する不服事件」を提訴した。そして、一九五八（昭和三三）年、「必要最小限度の合理的制限でなければならない」という判決が出て孫は勝訴し、これに気を良くした孫はさらに十数件の訴訟を起こした。その中には、「現行の絞首刑は残虐で憲法に違反する」という訴えもあり、一九六一（昭和三六）年には大阪拘置所の処刑場の検分が行われ、孫も処刑の模擬実験などを見た。しかし、この訴訟は「刑事裁判が下した判決を民事裁判が実質的に変更することになるから、訴えを取り上げることはできない」として一審で敗訴した。この頃を境に刑務当局は体制を一新して犯人に対する規制を強め、一九六三（昭和三八）年七月一七日、大阪拘置所で孫の死刑が執行された。

獄中訴訟・松下今朝敏

一九四九（昭和二四）年一〇月一日、長野県南安曇郡穂高町で夫婦と子供二人が殺害され、時計や衣類などが奪われた強盗殺人事件。逮捕された川井春雄（三五）は被害者一家とは遠縁であるが、以前から不和であったために恨みがあり、松下今朝敏（一九）と少年（一七）を誘い犯行に及んだ。一九五〇（昭和二五）年二月三一日、長野地裁松本支部は川井に殺人幇助で死刑、松下に殺人で無期懲役、少年に殺人で懲役一五年の判決を下した。一九五五（昭和三〇）年、東京高裁は川井の控訴を棄却、松下の無期懲役を破棄して死刑判決を下し、一九五八（昭和三三）年二月一七日、最高裁は川井と松下の上告を棄却し、両名の死刑が確定した。同年四月四日、松下は「死刑受執行義務不存在確認請求」の行政訴訟を起こしたが、これは、「死刑の執行方法を決めている太政官布告六五号は新憲法で失効している。また、刑法が規定しているのは絞首だが、現在の絞首刑は自分の体重で首が締まる縊首なので、死刑を受ける義務はない」というものであり、これらの判決が出るまで死刑執行停止の仮処分請求も起こしたため、東京地裁は執行停止を決定した。その後、一九六一（昭和三六）年七月、太政官布告は新憲法の下でも法律と同じ効力を持つという判決が出て、また一二月に最高裁は「死刑執行方法の可否は刑事裁判で争うべきことで、行政訴訟として取り上げない」と訴えを却下し、松下の死刑は執行（執行日不明）された。

島田事件

一九五四（昭和二九）年三月一〇日、静岡県島田市内の幼稚園から女児が行方不明となり、三日後に山林内で遺体が発見され、赤堀政夫（二五）が強姦致傷、殺人罪の容疑で逮捕された。一九五八（昭和三三）年五月二三日、静岡地裁は赤堀に死刑判決を言い渡し、一九六〇（昭和三五）年、東京高裁は控訴を棄却、一九六〇（昭和三五）年一二月五日、最高裁は上告を棄却する判決を言い渡し、二六日に赤堀の死刑判決が確定した。赤堀は一九六九（昭和四四）年に第四次再審請求を行ったが、静岡地裁がこれを棄却したため、赤堀は即時抗告を申し立て、東京高裁は一九八三（昭和五八）年五月二三日、静岡地裁の原決定を取り消して審理を差し戻す判決を出した。その後、静岡地裁は一九八六（昭和六一）年五月三〇日、検察側と弁護側双方の鑑定結果を吟味し、赤堀の自白は信用性・真実性に疑問があるなどの理由で再審開始・死刑の執行停止を決定した。一九八九（平成元）年一月三一日、再審判決公判が開かれ、静岡地裁は赤堀に無罪判決を言い渡し、その後、静岡地検が控訴を断念したために赤堀の無罪が確定した。

名張毒ぶどう酒事件

一九六一（昭和三六）年三月二八日、三重県名張市葛尾の公民館で地元集落の懇親会が行われ、この時、農薬が混入されたぶどう酒を飲んだ女性一七人が中毒症状を起こし、五人が死亡した。奥西勝（三五）が逮捕・起訴されたが、第一審の津地裁は捜査段階での自白は信用できないとして、一九六四（昭和三九）年、無罪判決を言い渡した。これに対し控訴審の名古屋高裁は、一九六九（昭和四四）年に一審判決を破棄して死刑判決を言い渡し、一九七二（昭和四七）年三月一五日、最高裁も上告を棄却して死刑が確定した。奥西は冤罪を訴えて生前九度にわたる再審請求を起こし、死刑確定から四三年間にわたり執行が見送られ続けた一方、再審請求も認められることなく、二〇一五（平成二七）年に八王子医療刑務所で八九歳で死亡。二〇一五（平成二七）年、奥西の妹が名古屋高裁へ第一〇次再審請求（死後再審）を申し立てたが、二〇一七（平成二九）年、名古屋高裁（刑事一部）は請求を棄却、二〇二二（令和四）年、名古屋高裁（刑事一部）は異議申立てを棄却し、現在、最高裁において特別抗告審が係属している。

袴田事件

一九六六（昭和四一）年六月三〇日、静岡県清水市の民家で味噌製造会社の専務一家四人が殺害されて集金袋が奪われ、家屋が放火された強盗殺人・放火事件。逮捕された元従業員の袴田巌（三〇）は当初は犯行を否認していたが、警察・検察の厳しい取調べにより勾留期間満了の直前に自白した。その後の公判においては一貫して否認した。一九六八（昭和四三）年、第一審の静岡地裁は死刑判決を言い渡し、一九七六（昭和五一）年、東京高裁は控訴を棄却、一九八〇（昭和五五）年一一月一九日、最高裁が上告を棄却したため死刑が確定した。袴田は冤罪を主張して二度の再審請求を行い、二〇一四（平成二六）年三月、静岡地裁は再審開始と死刑および拘置の執行停止を決定した。その後、検察側の即時抗告により東京高裁は二〇一八（平成三〇）年六月、静岡地裁の再審開始決定を取り消し、再審請求を棄却した。同決定を不服とした弁護側は特別抗告し、最高裁は二〇二〇（令和二）年一二月、高裁決定を取り消して審理を差し戻した。差し戻し審で東京高裁は二〇二三（令和五）年三月、静岡地裁の再審開始決定を支持する決定を出し、検察が特別抗告を断念したため、死刑確定事件としては戦後五件目となる再審開始が確定した。再審公判は静岡地裁にて二〇二三年十月二七日より一五回開催され、二〇二四年五月二二日、検察は死刑を求刑、弁護団は無罪を主張して結審した。二〇二四年九月二六日、被告に無罪が言い渡され、検察が控訴権を放棄したことで無罪判決が確定した。

福岡事件

一九四七（昭和二二）年五月、福岡市で軍服の取引にからみ、日本人と中国人の商人二人が殺害された。警察は強盗殺人事件として西武雄（三二）を主犯、石井健治郎（三〇）を実行犯、五人の男を共犯として逮捕した。取り調べにおいて西は関与を否定、石井は「自分が撃たれると思ったから撃った」と正当防衛を主張した。一九五六（昭和三一）年、強盗殺人罪で西と石井の死刑が確定し、一九七五（昭和五〇）年六月一七日に西の死刑が執行され、同日、石井は一九六八（昭和四三）年の再審特例法案廃案の見返りとしての恩赦により無期懲役に減刑された。その後、一九八九（平成元）年に石井は仮釈放となったが、これは確定死刑囚が釈放される初めてのケースであった。二〇〇五（平成一七）年五月、西の遺族と石井と共犯者一名が自白は捜査段階の拷問によるものであり、強盗殺人は事実誤認であり誤判であるとして、福岡高裁に死刑執行後の再審請求を行ったが棄却された。この事件は戦後の混乱期に起きた偶発的要素のからむ殺人事件であり、処刑された西については冤罪ではなかったかとの指摘もある。また殺された相手が連合国側の国民であり、占領軍と警察との間で何らかの政治的判断があったのではないかとも推測されている。

足利事件

一九九〇年（平成二）年五月一二日、栃木県足利市のパチンコ店駐車場から女児が行方不明になり、翌日、近くの河川敷で遺体で発見された。一九九一（平成三）年、栃木県警は菅家利和（四五）を逮捕・起訴し、一九九三（平成五）年、宇都宮地裁で無期懲役の判決、一九九六（平成八）年、東京高裁は控訴を棄却、二〇〇〇（平成一二）年、最高裁で無期懲役刑が確定して菅家は千葉刑務所に服役した。しかし、二〇〇九（平成二一）年、DNA型の再鑑定において遺留物と菅谷のものとが一致しないことが判明して直ちに釈放された。二〇一〇（平成二二）年三月二六日、再審の判決公判で宇都宮地裁は、「当時のDNA鑑定に証拠能力はなく、自白も虚偽であり、菅家さんが犯人でないことは誰の目にも明らか」として無罪を言い渡し、検察が上訴を放棄したため無罪判決が即日確定した。

飯塚事件

一九九二（平成四）年二月二〇日、福岡県飯塚市で女児二名が行方不明になり、翌日に隣接する甘木市で他殺体となって発見された事件で、事件発生から二年後の一九九四（平成六）年、久間三千年（五六）が逮捕された。第一審の福岡地裁は、「被告人と犯行の結び付きを証明する直接証拠は存せず、情況証拠の証明する情況事実はそのどれを検討しても単独では被告人を犯人と断定できない」としながらも、被害者の身体等に付着した犯人の血液の血液型、DNA型が被告人と同一であると認定し、一九九九（平成一一）年四月二九日、死刑判決を言い渡した。二〇〇一（平成一三）年、福岡高裁は控訴を棄却、二〇〇六（平成一八）年四月四日、最高裁は上告を棄却して一審の死刑判決が確定し、二〇〇八（平成二〇）年一〇月二八日に久間の死刑が執行された。この執行については、二〇〇八（平成二〇）年一〇月一七日に足利事件のDNA再鑑定の見通しが報道された直後であり、また判決確定から一年余りという異例の早さの執行であることから、本件の問題点を覆い隠すためではないかとの疑問が指摘されている。遺族は執行後の二〇〇九（平成二一）年に一度目の再審を請求したが、二〇一四（平成二六）年に福岡地裁は請求を棄却、二〇一八（平成三〇）年、福岡高裁は即時抗告を棄却、二〇二一（令和三）年に最高裁が特別抗告を棄却したため請求棄却が確定した。遺族は福岡地裁に二度目の再審請求を行ったが、二〇二四（令和六）年六月五日、地裁が再審を認めない決定をしたため、同十日、弁護側は福岡高裁に即時抗告した。

座間九人殺害事件

二〇一七（平成二九）年一〇月、神奈川県座間市のアパート室内で九人の遺体が発見され、白石隆浩（二七）が強盗・強制性交等罪、強盗殺人罪、死体損壊・遺棄罪で逮捕、起訴された。二〇二〇（令和二）年一二月一五日、東京地裁立川支部は白石に死刑判決を言い渡し、弁護人がいったんは控訴したが、白石が自ら控訴を取り下げたため、二〇二一年（令和三）年一月五日に死刑が確定した。

京都アニメーション放火殺人事件

二〇一九（令和元）年七月一八日、京都市伏見区のアニメ制作会社「京都アニメーション」に青葉真司（四一）が侵入してガソリンをまいて放火したことで三六人が死亡、青葉を含む三四人が負傷した放火殺人事件。この事件は戦争を除く明治時代以降の事件において、日本で最多の犠牲者数となっている。二〇二四（令和六）年一月二五日、京都地裁は求刑通り死刑判決を言い渡した。翌二六日、弁護側は判決を不服として大坂高裁に控訴した。

池田小学校襲撃事件

二〇〇一（平成一三）年六月四日、大阪府池田市の大阪教育大学附属池田小学校に宅間守（三七）が侵入し、児童八人を殺害、教職員を含む一五人を負傷させた。二〇〇三（平成一五）年八月二八日に判決公判が開かれ、大阪地裁は求刑通り死刑を言い渡した。判決に対して宅間は控訴しない意向を示したが、弁護団は宅間を説得して九月一〇日に大阪高裁へ控訴。しかし、宅間が同月二六日に控訴を取り下げたため、第一審での死刑が確定し、確定から一年足らずの二〇〇四（平成一六）年九月一四日に死刑が執行された。確定から一年未満での死刑執行は戦後の混乱期を除いて史上最速の執行と言われ、また、宅間が自ら控訴を取り下げたため、事件から三年しか経過していない時点での執行も異例であるといわれている。

相模原障害者施設殺傷事件

二〇一六（平成二八）年七月二六日、神奈川県相模原市の知的障害者福祉施設「神奈川県立津久井やまゆり園」で元職員の植松聖（二六）が施設に侵入して入所者一九人を殺害、職員を含む二六人を負傷させた事件。判決公判は二〇二〇（令和一）年三月一六日に開かれ、横浜地裁は求刑通り死刑判決を言い渡し、植松が自ら控訴を取り下げたために死刑が確定した。

川崎市登戸通り魔事件

二〇一九（令和元）年五月二八日、川崎市の登戸駅付近の路上で、私立カリタス小学校のスクールバスを待っていた小学生の児童や保護者らが近づいてきた岩崎隆一（五一）に相次いで刺され、二人が死亡、一八人が負傷した事件。犯行直後に容疑者は自ら首を刺し、その後死亡した。二〇一九（令和元）年一一月八日、横浜地検は被疑者死亡のまま本件を不起訴とする刑事処分を決定した。

参考文献

主要文献

眞田芳憲『人は人を裁けるか』アーユスの森新書、二〇一〇年、佼成出版社。

〔法学者。一九三七—二〇一七。専門はローマ法・イスラム法。元中央大学教授、元現代における宗教の役割（コルモス）研究会員〕

団藤重光『死刑廃止論』改訂版、一九九二年、有斐閣。

〔法学者。一九一三—二〇一二。元東京大学教授、最高裁判事（一九七四—一九八三年）〕

河合幹雄『日本の殺人』ちくま新書、二〇〇九年、筑摩書房。

〔法社会学者。一九六〇―二〇二三。元桐蔭横浜大学副学長〕

菊田幸一『死刑　その虚構と不条理』一九八八年、三一書房。

〔弁護士。一三九四―。明治大学名誉教授〕

正木亮『死刑　消えゆく最後の野蛮』一九六四年、日本評論社。

犯罪被害者支援弁護士フォーラム『死刑賛成弁護士』文春新書、二〇二〇年、文藝春秋。

デイビッド・T・ジョンソン『アメリカ人のみた日本の死刑』岩波新書、二〇一九年、岩波書店。

佐藤友之『死刑と宗教』二〇〇二年、現代書館。

佐藤友之『死刑の日本史　歴史を通して何が見えてくるか』三一新書、一九九四年、三一書房。

村野薫（編著）『日本の死刑』一九九〇年、柘植書房。

日本弁護士連合会『死刑廃止と拘禁刑の改革を考える――寛容と共生の社会をめざして』二〇一七年、緑風出版。

高桑和巳編著『デリダと死刑を考える』二〇一八、白水社。

龍樹『ラトナーヴァリー（Ratnāvalī）』（漢訳『宝行王正論』世界古典文学全集仏典Ⅰ、一九六六年、筑摩書房。）〔龍樹がシャータヴァーハナ王のために説いた政道論〕

堀川恵子『教誨師』二〇一四年、講談社。〔死刑囚の教誨について、本願寺派教誨師・故渡辺普相師へのインタビューが詳細を語っています。〕
映画『教誨師』二〇一八年〔大杉漣最初のプロデュース・最後の主演作。プロテスタント牧師の面談場面が中心〕
菊田幸一『死刑と日本人』二〇二二年、作品社。
宮本倫好『死刑の大国アメリカ――政治と人権のはざま』一九九八年、亜紀書房。

死刑制度

大塚公子『死刑執行人の苦悩』一九八八年、創出版。二〇〇六年、角川文庫。

大塚公子『五七人の死刑囚』一九九五年、角川書店。

浜井浩一『2円で刑務所、5億で執行猶予』光文社新書、二〇〇九年、光文社。

佐藤大介『死刑に直面する人たち』二〇一六年、岩波書店。

浜田寿美男『「自白」はつくられる　冤罪事件に出会った心理学者』二〇一七年、ミネルヴァ書房。

浜田寿美男『名張毒ぶどう酒事件自白の罠を解く』二〇一六年、岩波書店。

浜田寿美男『もうひとつの「帝銀事件」二十回目の再審請求「鑑定書」』講談社選書メチエ、

二〇一六年、講談社。

村野薫『死刑はこうして執行される』講談社文庫、二〇〇六年、講談社。

宗教・倫理

一ノ瀬正樹『死の所有　死刑・殺人・動物利用に向きあう哲学』二〇一九年、東京大学出版会。

小坂井敏晶『人が人を裁くということ』岩波新書、二〇一一年、岩波書店。

堀川恵子『教誨師』二〇一四年、講談社。二〇一八年、講談社文庫。

花山信勝‥『平和の発見――巣鴨の生と死の記録』二〇〇八年、方丈堂出版〔初版は一九四九年、朝日新聞社。『巣鴨の生と死――教誨師の記録』中公文庫、一九九五年〕。

花山信勝『亡びざる生命』一九七〇年、百華苑。

小林弘忠『巣鴨プリズン――教誨師花山信勝と死刑戦犯の記録』中公文庫、二〇〇七年、中央公論新社。

青木馨『A級戦犯者の遺言――教誨師・花山信勝が聞いたお念仏』二〇一九年、法蔵館。

田嶋信雄『巣鴨の父』二〇二〇年、文藝春秋企画出版部。

田嶋隆純（編著）『わがいのち果てる日に――巣鴨プリズン・BC級戦犯者の記録』二〇二

一年、講談社エディトリアル。

布川玲子・伊藤京子『教誨師　関口亮共とBC級戦犯』二〇一七年、日本評論社。

教誨マニュアル編集委員会（編）『教誨マニュアル』二〇一七年、全国教誨師連盟。

浄土真宗本願寺派矯正教化連盟『浄土真宗本願寺派教誨師必携』一九九〇年、浄土真宗本願寺派矯正教化連盟。

赤池一将・石塚伸一（編著）『宗教教誨の現在と未来――矯正・保護と宗教意識』龍谷大学社会科学研究所叢書第一一七巻、二〇一七年、本願寺出版社。

繁田真爾『「悪」と統治の日本近代――道徳・宗教・監獄教誨』二〇一九年、法藏館。

合田士郎『続　そして、死刑は執行された』一九八八恒友出版
ヘレン・プレジャン『デッドマン・ウォーキング』中神由紀子訳、徳間文庫、一九九六年、徳間書店〔一九九五年、ティム・ロビンス監督により映画化。一方で犯罪犠牲者の大変な悲しみを描き、もう一方では死刑を執行される人の家族の悲しみを描く〕。

宮園健吾・大谷弘・乗立雄輝（編）『因果・動物・所有――一ノ瀬哲学をめぐる対話』武蔵野大学シリーズ一三、二〇二〇年、武蔵野大学出版会。

長谷川美千子「「権」を論ず」『学士会会報』八〇〇号、一九九三年七月。〔以上二書は欧米語の「human rights」と日本語の「人権」の「ずれ」を論じる〕

美達大和『死刑絶対肯定論——無期懲役囚の主張』新潮新書、二〇一〇年、新潮社。

〔「殺人事件で服役している受刑者のほとんどが、反省や謝罪や改悛の情とは無縁であり、自らの罪の意識すら持つ者が稀。（中略）逆に、被害者に責任を転嫁し、非難する者が多数、（中略）遺族の苦痛等の心情を忖度するものはきわめて少数」とあります。これは、殺人事件に限らず、犯罪に共通する問題ではないでしょうか。死刑の抑止効果が疑われます。罪刑均衡の原則がありますが、現在の量刑では、とても均衡しているとは思えません。服役暦のある者は、現在の施設には遊びに来ている感があり、殺された被害者の命が著しく軽視されているといいます。一度、人を殺すと殺人の心理的抵抗が減るとも書かれています。〕

犯罪被害者支援弁護士フォーラム『死刑賛成弁護士』文春新書、二〇二〇年、文藝春秋。

〔本書によると欧米の死刑廃止国でも、現場で警察官が射殺する例が多いとのことです。フランスでは、二〇一八年に一五人が警察または憲兵によって射殺され、ドイツでは、二〇一八年に一一人が警察により殺害されました。

アメリカでは、二〇一九年に現場射殺が一〇〇四件（一九八〇年から二〇一八年までの一年平均で、警察官の殉職数は八五件）。日本では、二〇〇〇年から二〇一九年までに一〇人が警察の発砲で死亡しました。〕

おわりに

死刑制度について、種々考察しながら感じられたことは、一般に想像されることとは、少し変わってきました。一般的には、主に人の命を奪った者は、自らの命で償うべきだという理屈が通用しています。しかし、数字を見るとき、人の命を奪った者で死刑になるのは、殺人犯人のごく一部です。バランスがとれていません。死刑の本当の理由は、国家権力に逆らったことが根本ではないでしょうか。独裁国家で死刑が多いことを考えると、殺人に対して、命で償うということより、国家に反逆したから死刑になるということが主に見えます。それは、国家統治の基盤が不安定であることと関係がありそうです。成熟した国では、死刑制度によらずとも、安定して国家を統治できるからです。（一九六九年にイギリスで死刑永久廃止法が成立した際、当時のウィルソン内閣は「死刑はなくとも法秩序は維持できる」と、法案を提出し、両院で認められた）。

辻褄の合わない死刑制度が存続しているのは、見せしめという意味もあるのではないでしょうか。見せしめならば、同程度の犯罪でも全員死刑にせず、代表的な例だけを死刑にしても意味があります。「刑罰――なかでも死刑は、みせしめ以外のなにものでもない。殺してしまうのに、教育的意味などあろうはずがない。（中略）他の刑罰も同じで、人を懲らしめ、戒めるのは『教育』ではない。刑罰で犯罪を予防できるなら、施政者にとってこれほど簡単で手っ取り早い方法はない」（佐藤友之『死刑の日本史』一九九四年、一四三頁）。見せしめであれば、死刑になるのが真犯人かどうかも、二の次となります。冤罪を減らそうとしない政府の態度も、理解できます。

「国家が法律で殺人を禁止していながら、戦争と死刑において殺人を是認できるのは、支配者の利益と威信を守ろうとする支配者の意図を巧みに隠して『やむを得ざる行為である』と宣伝し、民衆の中に仮想敵国意識や暴力的報復感情や世論調査の結果などを巧みに浸透させて、権力の行為を正当化するからです」（『宗教者が語る死刑制度』二〇〇六年、二二八頁）。

死刑制度について考察すると、関心が死刑に集中して、その背後を疎かにする傾向も出てきます。

そういう意味で、死刑を論じるためには、ただ法律論だけで済ませるのではなく、哲学・心理学・宗教等の人文学、国家統治についての政治学などが不可欠であると思います。今後の議論の深まりを期待します。

「本来、死刑という人間の倫理や文化にかかわる大きなテーマは、単に刑罰といったような狭い枠内で法律専門家の学説や法運用面だけの討議で事足れりとすること自体、はなはだしい時代錯誤だといわざるを得ない。討議には、科学者や医学者、教育者や社会学者、あるいは文学者、宗教者、マスコミ関係者、それに監獄関係者や判事・検事・弁護士などの法曹人、代議士など、幅広いキャリアと見識が加わってこそ、単に死刑が賛成か反対かではない、『どうしたらこの〝必要悪〟といわれる制度を文化国家としてなくすことができるのか』といった実際的な討議もできるのである。世界に名だたる経済大国〔であった—筆者註〕とはいえ、ともかく日本は、いまだ『死刑とは何か』ということから議論を始める段階にしかない」（村野薫『日本の死刑』一九九〇年、一六〇頁）。

この拙文は、人権を尊重する民主主義社会を前提に論じています。近年の日米をはじめ、多くの国で、個人の人権を軽視する権威主義的政治が拡大している状況では、残念ながら、理解されにくいでありましょう。

なお、法律の改定はもちろん、犯罪の数、死刑判決や執行の数など、このテーマに関わる資料は刻々変動しています。正確を期するには、最新の資料を確認していただきたいと思います。

著者略歴

大谷光真（おおたに　こうしん）

1945年京都府生まれ。麻布高等学校卒業、東京大学文学部卒業、龍谷大学大学院修士課程修了、東京大学大学院修士課程修了。77年、浄土真宗本願寺派第24代門主に就任、2014年6月に退任。全日本仏教会会長を3期務める。『世のなか安穏なれ――現代社会と仏教』（2007年、本願寺出版社）、『朝には紅顔ありて』（2009年、角川文庫）、『今、ここに生きる仏教』（2010年、平凡社）、『光といのち』（2010年、本願寺出版社）、『いまを生かされて』（2014年、文藝春秋）、『世のなか安穏なれ』（2015年、中公文庫）など著書多数。

死刑制度を問う
仏教・浄土真宗の視点から

2024年11月20日　初版第1刷発行

著　者	大谷光真
発行者	小林公二
発行所	株式会社　春秋社 〒101-0021 東京都千代田区外神田2-18-6 電話　03-3255-9611 振替　00180-6-24861 https://www.shunjusha.co.jp/
印刷・製本	萩原印刷　株式会社
装　幀	伊藤滋章

ISBN 978-4-393-33409-6

定価はカバー等に表示してあります